学習者端末　活用事例付

社会科教科書のわかる教え方

5・6年

峯　明秀〈監修〉

佐々木英明〈編著〉

☀学芸みらい社
GAKUGEI MIRAISHA

まえがき

　2022（令和4）年2月24日、ロシアのウクライナ侵攻が伝えられました。21世紀に戦争？　誰もが「本当？」と驚くと同時に、情報はその伝えられ方によって、人々の考え方が支配される怖さを改めて知ることになりました。1945年以降の大国の覇権争いと、それぞれの国の思惑が交錯する結果、罪なき人々が不幸になっている現実を目の当たりにすることになりました。一体、誰の何のための戦争なのでしょう。また、2019年末に出現した新型コロナウイルスは、あっという間に広がり、次々に変異種が現れ、まん延状況は終わりなき姿を示しています。そして、地球温暖化による気候変動は、世界各地に様々な災害をもたらしています。今まさに、私たちは予測困難な時代に突入したと言わざるを得ません。他方、人工知能（AI）の登場やテクノロジーの革新、インターネット環境の整備は、Socitey5.0社会の局面へと移ってきています。社会がこれからどのようになっていくのか、持続可能な諸活動をどのように維持するのか、私たちはどのように生きていけばよいのでしょう。そして、将来社会を担う子どもたちは何を学び、大人はどのように支援すればよいのでしょう。

　本書は、急激に変化する状況の中で、今求められている社会科学習とは何か、どのようなことに焦点を当てて展開するのか、を提案することにしました。

　例えば、5年生の2章①「わたしたちの国土」では、レジリエントなまちづくりに向けた課題探究をストーリー仕立ての学習展開で構成し、世界地図や地球儀、デジタルツールの活用を示しています。②「わたしたちの生活と食料生産」では、鳥瞰写真から地域の地形や気候を捉え、情報整理の仕方を示しています。③「我が国の工業生産」では、"価値判断・意思決定"し、"豊かさ"を問い続け、よりよい未来の"そうぞう"に向けて考え続ける子どもたちの姿を追求することを意図しています。④「我が国の産業と情報との関わり」では、"目に見えない情報を実感する学び"を情報活用しながら探究することで得られます。⑤「我が国の国土の自然環境と国民生活との関連」では、"国土保全の取組から、社会問題に目を向け選択・判断する学習"のように、社会問題に対して自分の考えを表現で

きます。

　6年生では、3章〈政治単元〉①「憲法と政治、選挙」の中で、基本的な人権に焦点を当てつつ、“政府の政策の妥当性を検討し、主権者意識を高める”ことや、〈歴史単元〉⑩「国力の充実を目指す日本と国際社会」、⑪「アジア・太平洋に広がる戦争」においては、過去の戦争が何を問いかけているのかなども取り上げています。

　このように、執筆者のそれぞれが学習指導要領内容に対応する❶目標とポイントとして掲げ、学習のすすめ方を❷特徴として示しています。また、単元の展開における❸資料の作り方や❹ICTをどのように活用すればよいか、押さえるべき教え方のポイントも示しています。加えて本書は、教科書をどう使えばよいかわからないという声に応えられるように、小学校社会科【高学年】の基礎・基本として、全国各地のどこでもありそうな、よく見聞きする事柄を取り上げて、内容を展開できるようにしています。そして、学年に応じて、5年生では4年生からの接続として、地域の特色から自然環境や産業、交通、歴史などを通して共通点や相違点に目を向けさせる工夫、6年生では小学校の学びを政治・歴史・国際社会に関連付けて捉えさせ、社会に参画する主権者としての自分自身を見つめさせることを意図しています。また、課題を探究する上で、地図や年表、インターネット検索やゲストティーチャーの活用など、情報をどのように活用するのか、急速に浸透しているGIGAスクールにも対応する提案をしています。

　最終的には、別冊の【中学年】と合わせて、公民としての資質・能力の基礎を培う教科として、よりよき社会をつくる主権者として、自らが探究していく姿を求めています。

　執筆者の皆さんには、高学年の執筆者である佐々木英明先生、中学年の山方貴順先生を中心として若い先生方に、今般の世情に即役立つような、自由で大胆な提案をお願いしました。短時間の打ち合わせでしたので、読者の皆様には、もしかすれば内容の物足りなさや、更に詳細な資料や展開の注文があるかもしれません。ぜひ、巻末の執筆者一覧にご連絡していただき、令和の日本型学校教育にふさわしい社会科をつくる授業研究のネットワークを広げていただければ幸いです。

令和4年9月　　峯　明秀

目 次

5年社会科の特徴と
授業構成のポイント

5・6年生の社会科で育てる新しい学力

執筆者：峯　明秀

❶ これから求められる社会科を一緒に始めましょう！

　読者の皆さんは「主体的・対話的で深い学び」をどのように実現すればよいか、日々、試行錯誤されていることでしょう。また、「個別最適な学び」や「協働的な学び」をどのように実践すればよいのでしょうか。

　本書は、そのような現場の実態に寄り添い、一人一人の児童が、自分のよさや可能性を認識できる、また多様な人々と協働しながら豊かな人生を切り拓ける社会の担い手として、どのような実践を行えばよいかについて提案するものです。図A〜Dに変わりつつある授業・学習の姿がよく表れています。

（1）変わる教室・授業の姿

A→B教えるから学ぶへ、子どもたちの興味や関心に応じた学習課題への取組が展開されることでしょう。B→Cプレゼンテーションやグループ学習にICTが活用され、一人一台端末での調べ学習も行われます。C→D教師×子ども、子ども×子ども間での学習環境が実現し協働の学びが広がるでしょう。学校内の通信ネットワーク環境の整備や端末の持ち帰り、デジタル教科書・教材等も工夫されることでしょう。

　では、これからの子どもたちは何をどのように学んでいけばよいのでしょう。

❷「主体的・対話的で深い学び」を創出する学習デザイン

　では、小学校社会科では、どのような学習を展開すればよいのでしょう。
　【中学年：3・4年生】は1・2年生の具体的な活動や体験を通して、自立し生活を豊かにしていく生活からの接続を、【高学年：5・6年生】は中学年を受けての学習をデザインすることになります。次の4つの視点から考えてみましょう。

（1）社会科授業における教科書の役割

一人一台端末で共有する

　小学校の主たる教材は、教科書と副読本。研修会では、「教科書を教えるのか、教科書で教えるのか」という話が聞かれます。そして、教科書を教えるためには、教師に教科書を読みこなす力がなければ、教科書で教えることはできないでしょう。そこで、執筆者や編集者になったつもりで、「なぜこの学習課題、学習者は資料をどう読み取る、その頁で最も重要なことは何だろう」と疑問をもってください。また、内容構成は、導入における学習問題や学び方やまとめの仕方に、指導の実際を意図してつくられていることが窺えます。「どうして、その地図・写真・絵画・図表等が選択されているのか」を読み取ることが鍵となるでしょう。例えば、産業や政治単元の学習では、児童にとっては必ずしも日常生活の中で見聞きしている具体的な事柄を扱っているわけではありません。現実社会のどのような仕組みや構造（位置・分布、立地条件、温暖化、持続可能な開

発、環境保全、国際化、情報化、自由競争、希少性、需要・供給、基本的人権の保障、自由・平等、公正、分配等）を捉えさせようとしているのか、を整理してみてください。そして、教科書に示される重要語句や「〇〇についての知識」がどのような問いによって導かれるのか、知識や説明を導く問いと解答が一致しているかを確かめる必要があります。教科書に示される典型的な学習内容や学習活動を確かめて、児童の日常生活や学校を取り巻く環境に応じた内容や活動、資料を補充することも必要でしょう。教科書の内容との共通点や相違点、一般性と特殊性などを児童と見つける工夫が大切なのです。次は、教科書を起点として、「教科書から教える」ことになる ICT 活用について述べましょう。

（2）デジタル教科書と ICT 活用

一般社団法人
教科書協会の
QR コード

インターネットで「QR コード作成　無料」と入力検索してみましょう。例えば https://qr.quel.jp/ では URL を QR コードに、メール作成用 QR などが出てきます。https:// のあとに、閲覧したアドレス「http://www.textbook.or.jp/」を入力しクリックすると、左のような図柄がでてきます。これをコピー・カット＆ペーストして資料に貼ることができます。

　GIGA スクール構想における一人一台端末が急速に普及してきています。教員の創意工夫により、学習者用デジタル教科書×ICT を生かした学習方法が開発されてきています。大型の電子黒板やプロジェクター・スクリーンと組み合わせ、①教科書の紙面を拡大して表示する、②教科書の紙面にペンやマーカーで書き込むことを簡単に繰り返す、③教科書の紙面に書き込んだ内容を保存・表示する、④教科書の紙面を機械音声で読み上げる、⑤教科書の紙面の背景色・文字色を変更する、⑥教科書の漢字にルビを振ることなどができるでしょう。また、学習者が自身のコンピュー

地図を衛星画像で確かめる

思考ツールで考えを練る

タの画面上で、学習進度に応じて、⑦映像や音声の再生、⑧学習者自身がインターネットを利用して、調べ考えたことを表現して、それを教師や学習者間で共有するなどの実践もできます。検索や文書・プレゼン作成アプリの他、学習に役立つクイズやパズル、ゲームなど様々なアプリを使って、気付きや学びを深める実践を本書で紹介しています。ネットワークを使った遠隔学習の実践では、双方向のビデオコミュニケーションシステム（Zoom、Teams 等）により、ゲストへの質疑応答や友達とのリアルなコミュニケーションを取り入れることが可能になってきています。学習者自身が調査・見学や体験を通して学んだことを、確かめたり、整理して発信したりする学習を展開することなのです。学習指導要領を踏まえた「主体的・対話的で深い学び」の視点からの授業改善や、特別な配慮を必要とする児童生徒等の学習上の困難低減、紙の教科書を主たる教材として使用しながら、必要に応じて学習者用デジタル教科書を併用することに挑戦してみましょう。

（3）調べ活動から真の探究へ

　なんだか、ICT を活用していれば、それだけで主体的で最先端の授業をしている勘違いが見られます。特に、インターネットを使って調べる学習が盛んに行われていますが、相変わらず物知り学習に終わっていることも否めません。本当に大切なのは、これまで以上に、個としての探究スキルを鍛える必要があるということです。学習者自身が「なぜ」「はてな」をたくさんもっていること、「どうして」「わからない」「どうやって調べたらよいの」を考える環境を整えていることが大切です。そのためには、日頃から気付いたことをノートする習慣や、何でも話し合える自由な教室の雰囲気をつくっていくことが大事になります。また、自分たちの暮らしの中で見たり聞いたりしたことが、社会のどんなこととつながっているのか、そして、自分自身はそのことについてどのように考えるのかを導く、授業を展開することになります。学習者の具体的な体験から導かれた知識のイメージを膨らませ、それを一般化・抽象化するために、言語活動を通して、学習者が考えたことをまとめたり、表現したりするわけです。授業者は、学習者の発言や記述物に、どのような知識が使われているのかを注意深く観察して、学習者が比べたり分類したり、関連付けたりしているのか、注意深く見て取ることが重要です。例えば、高学年では、中学年で意味付けたごみの学習や上下水道や

役所の仕事などの学習からの「公共」概念を引継ぎ、国会や内閣、裁判所など政治の仕組みや役割、国際社会での日本の役割へと学びを深化させる必要があります。地域の安全を守るための消防や警察の仕事は、国際社会において、国会や内閣がどのような役割を果たすべきなのか、昔の暮らしが現在にまでどのように変化し、そして、これからの社会をどのように創造していくのか、まさに子どもたちが判断し選択していくのです。幸い、世界の国々の子どもたちがお互いにコミュニケーションをとることができるツールが身近になってきました。YouTube や Twitter、Facebook、LINE など SNS（ソーシャル・ネットワーキング・サービス）などを通して、身近な仲間から広がりを見せてきています。また、新型コロナウイルス感染症への対応として広まった Zoom や Teams、Webex などのビデオ通話。これからの探究は、インターネットで検索し調べることから、オンライン・ビデオを介するリアルタイムでのコミュニケーションが学習に生かされるようになるでしょう。

（4）デジタルで変わるこれからの学習評価

　熱心な読者の皆さんは、授業に役立つプリントづくりに時間を割いていることでしょう。デジタル教科書から必要な図表や写真、本文から説明文をコピー貼付し、学習材として利用していることでしょう。最後に、学習者が考えたことや感想・意見をどのように利用しているでしょうか。もちろん、学習状況を授業の中で提示するアプリを利用することもできますが、まだまだ紙ベースのところは、毎時間で学んだまとめを1枚のプリントに集約できるようにしましょう。

1枚ポートフォリオ用のワークシート（例）

月日	今日のまとめ・振り返り	自己評価	通信欄
／3限	気付いたこと，考えたこと，さらに追求したいこと等　　：	1 2 3 4	

・ファイルにまとめて提出よりも、1枚の用紙に書かせることで、学習者も授業者も学びの様子を容易に確認することができる。将来的には、文書作成アプリで入力し、送受信、データを管理することで、メッセージで返信を書き込む等。
・学習の進捗状況を学習者も授業者も共有でき、フィードバックできる。

序章

12

学習者も授業者も単元全体を振り返ることができる1枚ポートフォリオは、将来的には、一人一台端末からの入力で、個人の学習履歴として集約され、学習時間やつまずき、関心などの分析ができるようになるでしょう。

　また、Google Forms や SharePoint 等で問題やアンケートを作成すれば、択一式や多肢選択式の回答結果の集計を簡単に集計でき、その結果を瞬時に図表で提示することもできます。これからの学習は、学習履歴（スタディログ）をどのように集約し、学習成果を可視化することで、授業改善を図ることにつながります。最後は、本書に所収のいくつかの学習をピックアップしてみましょう。

❸ 令和の日本型学校教育で、社会科はどう変わるか？

学習ログのメリット（例）

・デジタルで蓄積されたデータ（回答等）がクラウド上にあるので、教師は、時間があるときに必要な情報を書き込み学習者に返信することができる。学習履歴（いつ、どのくらいの時間どこまで学習したのか）を容易に確認することができる。

・学習の進捗状況を学習者も授業者も共有でき、フィードバックできる。

自動集計で回答を分析
回答をリアルタイムで確認できるだけでなく、元データにアクセスして Google スプレッドシートや他のソフトウェアで分析することもできます。

共同作業と情報共有をスムーズに
スプレッドシートなら共同作業が簡単です。プロジェクトに共同編集者を追加したり、自分が見ていない間にあった変更の通知を受け取ったり、同じドキュメント内で同僚とチャットしたりできます。変更はすべて自動的に保存されます。オフラインアクセスを使えば、時間や場所を問わずにファイルの作成、閲覧、編集ができます。

（1）ICT 機器とアプリの使用例は次の通り

Google Earth （p.103、p.119、p.135、p.139、p.143）

バーチャル地球儀システムで、まるで、行ったこともない場所に旅行に行くことができます。地図帳と Street View 景観写真を結び付けて、土地利用の様子やタイムプラスで変化を捉えることができます。

ロイロノート （p.83、p.87）
Jamboard （p.33、p.99、p.107、p.109、p.115、p.147）

思考を可視化する×双方向で学び合う、自分の考えを整理し、友達との意見交流に利用できます。写真や図に付箋や書き込みをうまく使って、共同で考えを練り合わせましょう。

Microsoft Forms、Google Forms （p.111）

アンケートを作成、学習問題に対して、単元学習の前後であらかじめ用意された選択肢（言葉で表現することが難しい学習者も簡単にできる）に投票します。どのように考えが変わったかを比較し共有できます。

Microsoft Teams、Zoom （p.143、p.151）

双方向コミュニケーションアプリ。各自持ち帰った端末で離れた場所からコミュニケーションできます。

Microsoft PowerPoint、Google Slide （p.131、p.135）

プレゼンテーションアプリは、共有保存でリンクを知らせておくと、皆で共同で編集作業が可能になります。

Excel、スプレッドシート （p.55、p.109）

項目づくり、表にまとめて、学習内容を整理します。

動画教材 NHK for School や総務省統計局（https://www.stat.go.jp/）などの統計データやグラフ・表の活用が考えられます。

（2）個別最適な学びと「しかけ」

　新型コロナウイルス感染症の拡大の中で、子どもたちの学びの保障が注目されました。これまで以上に、A 授業者が学習内容の確実な定着を図り、理解を深め広げるために指導の個別化を行うこと、B 学習者が自らの興味・関心から課題設定し、情報収集、整理・分析、まとめ・表現を行う個性的な学習を協働的な学びの中で進めることが求められています。

A 教科書・地図帳・体験・社会見学・宿題

　身近な素材、学習課題の設定、場面選択、話し合い、復習。例えば第2章⑤「我が国の国土の自然環境と国民生活との関連」では、なぜ何のための学習かを授業者自身が選択しています。目の前の子どもたちが、何が大切なのか、教科書を素材としつつ身近な地域の防災に目を向けられるよう工夫されています。第3章〈政治単元〉②「暮らしを支える政治」では、身近な暮らしと結び付けて政治を身近なものに感じられるようにすることや、〈歴史単元〉⑥「戦国の世から天下統一へ」では様々な立場から信長と秀吉を評価するとして、自分との関わりで歴史人物の政策を評価するなど、理解を深めるための手立てが示されています。

B 情報収集・調査・発表・意見交換

　第2章 ②「わたしたちの生活と食料生産」では、チラシの食品を日本地図に貼り付けることから学習がスタートします。各自の追究は、Jamboard のシートに整理。調べたことを発表して共有します。③「我が国の工業生産」では、工業製品の改良、輸送や貿易などの販売戦略、エネルギー資源の採掘など、これからの日本の産業をどのようにするのか、アイデアをプレゼンしてみる展開は、実社会で求められる学びなのではないでしょうか。第3章〈歴史単元〉⑤「今に伝わる室町の文化とくらし」では、現代とのつながりがどこに見られるのか、調べて友達に紹介すること、⑫「戦後我が国の民主化と国民生活の向上、国際社会での役割」では、時代を表すキャッチフレーズを考えて、友達に説明する活動が取り入れられています。⑭「国際協力」では、まさに SDGs の視点から世界に目を向け、問題解決への提案が企図されています。

　教育実習生や初任の先生、経験豊かな先生まで、これから取り組む単元構成や展開例のヒントになれば幸いです。

① 5年生社会科の特徴

執筆者：佐々木英明

❶ 学ぶのは日本

　5年生の社会科は、学習対象が日本に広がることから網羅的な学習で暗記ばかりと感じてしまう子どもも多いでしょう。言葉を覚えたり、地図や統計資料を読み取ったりするのは必要ですが、それでは社会科の楽しさは感じられませんし、暗記が目的でもありません。3・4年生までに鍛えられてきた見方・考え方を使って日本の産業が発展するためにどうするべきなのかを考え、社会の一員としての自覚をもてるようにすることが大切です。

　教科書には、地理的環境や産業に特色のある地域が掲載されています。それらを理解して覚えるだけではなく、掲載されている地域の産業が盛んな理由について自然や交通、歴史など様々な条件と関連付けて考え、一般化した知識（概念的知識）の獲得を目指していきます。

　また、5年生の社会科では、3・4年生の「地域の特色を生かしたまちづくり」で身に付けてきた見方・考え方を活用して学習を進めていきます。教科書に掲載されている地域は、産業や自然環境の特色を生かしたまちづくりを行ってきたことで今の様子になっていると捉えられるようにします。

4年生で学習したニセコ町は盆地と火山灰地を生かしてジャガイモを生産

嬬恋村も盆地と火山灰地を生かしておいしいキャベツを大量生産

❷ 地図的資料・統計資料の活用

（1）地図的資料の活用

　5年生の教科書には多くの地図が掲載されています。教科書の本文や写真だけでなく、地図を使って調べていくようにします。地図帳の活用も大切です。地形や道路など周りの環境との関わりが見え、より深く理解することができます。Google Earth の航空写真やストリートビューは現地の様子をより詳しく見ることが可能です。また、国土地理院のホームページを開くと、大きさを自由に変えて日本各地の地図を表示することもできます。

国土地理院
ホームページ

（2）統計資料の活用

　表とグラフでは、読み取れる情報が異なります。表は、一度にたくさんの正確な数字がわかります。円グラフはそれぞれの割合が、折れ線グラフは変化が明確に表れています。ですから、提示する統計資料の種類から、何を読み取らせるのかもおのずと決まってくるわけです。日本の様々な統計資料は「総務省統計局」のホームページが質・量ともに充実しています。

総務省統計局
ホームページ

正確な数字がわかる
「表」

割合がわかる
「円グラフ」

変化がわかる
「折れ線グラフ」

❸ 3・4年生の地域学習との違い

（1）学習内容は地域ではなく「日本」

　5年生が3・4年生までと違うのは、地域学習ではないことです。地域の特色を捉えることが目的ではないため、教科書で一つの地域を掲載してもそれはあくまで「例」として見る必要があります。ですから、教科書で取り上げている地域と同じ特色がある地域を比較することで、「学んだ知識は他の地域でも共通している」とわかるようにしたいものです。また、位置や広さなど一つ条件が異なることで起こる違いにも目を向けられるようにもしたいところです。

　こうした学習によって、地域の産業が文化として人々の生活に根付いていることに気付くとともに、そこから、今後の日本の在り方を見つめていけるような展開を心がけていきましょう。

【3・4年生の地域学習】	【5年生の地域学習】
○学習内容：都道府県の一地域 ○身に付ける知識： 　都道府県の土地や気候、産業などの特色	○学習内容：日本を代表する一地域 ○身に付ける知識： 　日本の産業が盛んな条件と国民生活との関連・文化

（2）地域社会に対する見方・考え方も同時に鍛える

　5年生の社会科では、日本の産業と生活との関わりに対する見方・考え方を鍛えていきます。この見方・考え方は、子どもたちが自分の住んでいる地域を見つめるための大事な鍵となります。「山形県の庄内平野を通して学んだ、稲作が盛んになる自然条件と同じなのは、自分の都道府県で言うとここだ」といったように、自分が暮らす都道府県と関連付けていくことで、地域理解を更に深められるようにしましょう。こうして、子どもが学びを自分の生活に生かすきっかけにしていくのです。

❹ ポイントは社会参加

（1）今後の進むべき方向性を明らかにする

　教科書には、単元の終わりに「これからの○○に大切なことは何か考えよう」という活動が明記されているところがあります。カードに自分の考えをまとめて話し合ったり、思考ツールを使って考えを整理したりする活動が紹介されており、単元を通して身に付けてきた知識を基にして、現在抱える問題を解決したり産業や生活の未来像を考えたりしていきます。ここで大切なことは、単元で学んだ事実を基にすることです。根拠が生活経験ばかりでは独りよがりで単元の学びの成果とは言えません。「指導と評価の一体化」の実現に向けて、学習の目的と手立てを明確に指導して、子ども自身が学びの成果を自覚しながら進められるようしましょう。

（2）自分の関わり方を考える

　単元の終わりには、「自分たちにできることを考えよう」「異なる立場から考えよう」といった活動が設定されているページもあります。特に、情報や環境の単元で設定されており、最後の小単元の学習問題の主語は「自分たちは」と明記されています。この単元については、当然「自分たち」を主語に取り組みますが、国土や産業の単元でもこうした活動は可能です。見学やゲストティーチャー、体験を行った単元では、子どもは普段以上に出会った人物の気持ちで考えるものです。活動を工夫することで、生産者や国、地域への思いを考えたり、消費者の立場から生産物に対する関わり方を見つめ直したりすることができるようになります。

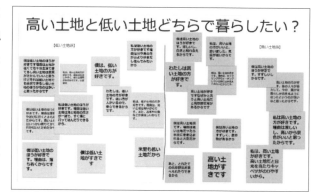

「高い土地の暮らし」の最後に選択・判断の場をつくる

② 第5学年の授業構想のポイント

執筆者：佐々木英明

❶ 授業と子どもの生活を結び付けて

　5年生の社会科は学習対象が日本全体に広がるため、子どもが生活との関わりを見いだせずに、苦手意識をもつことがあります。自分の生活が日本各地の人と物が行き来することによって成立していると気付かせ、関わり方を見つめていけるようにすることが大切です。

（1）生活とのつながりを見付ける

　食料生産や工業生産の学習では、身の周りの食品や工業製品について調べる活動が有効です。製品が販売されているスーパーマーケットやホームセンターなどのお店で産地調べをするのもよいでしょう。すると、国内やアジアをはじめとする諸外国から届いていることがわかります。輸送手段や産地の傾向に着目していくことで、自分たちの暮らしが国内外の様々な地域と結び付いて成立している様子を捉えられるのです。

（2）地域に当てはめてみる

　国土や産業の学習で学んだことは、自分が住んでいる都道府県でも当てはまることが多いです。交通が集まるところに県庁所在地があることや大きな川の周りに広がる平野で稲作や畑作が広がること、盆地で果物栽培が盛んなことも共通しています。5年生の学習を通して、住んでいる都道府県内の諸地域を見つめ直し、その特徴を理解していくことで、学びを生活に返す大切な鍵となっていきます。

❷ 社会見学・体験学習の考え方

　日本国中、どこにでも畑や水田、自動車工場、森林があるわけではありません。しかし、実物に触れたり仕事に従事している人から話を聞いたりする機会をつくり、当事者の立場で考えられるようにしたいものです。これによって、理解を深めるのはもちろん、社会で起こる出来事が人ごとでなくなり、自分の関わり方を考えていけるようになります。

（1）社会見学・体験学習を可能にするポイント

　教師の仕事は、「教科書で教える」ことですから、本物の教材を使い、農業や工場の仕組みや自然災害を防ぐ工夫についてたくさんの発見や感動をさせてあげましょう。見学が無理なら、教材園を使った野菜作りやバケツ稲、工業製品の製作体験もよいでしょう。実際に体験するからこそ気付くことのできる、作る上での苦労を実感できます。

稲を育てて農家を追体験していきます。

（2）ゲストティーチャーとつながるポイント

　学校には、様々なゲストティーチャーによる授業の案内文書が届いています。実際に見学や体験ができなくても、オンライン会議システムを利用して工場の人から直接話を聞いたり質問をしたりすることもできます。今は、オンライン見学も充実しています。教科書や資料集ばかりを使って内容を理解させるのに終始することなく、「仕事に携わる人に出会わせる」「本物を見せる」ことを前提にして、子どもが社会と実際に関わりながら学習を進められるようにしていきたいものです。

日産工場見学
予約サイト

❸ 相互の協力について考える

　5年生の社会科では、関係機関との相互協力の仕組みを捉えさせていくことが大切です。また、産業学習であれば生産者と消費者、情報学習であれば発信者と受信者、環境学習であれば事業者と地域の二つの立場で多角的に考える場面をつくるようにします。二つの立場は、特に単元の入り口や出口において、子どもと社会との関わり方を考えさせる手立てとして有効です。

（1）産業学習：流通の仕組みを捉える

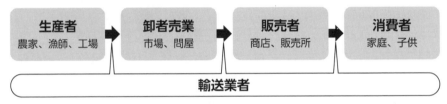

（2）情報学習：情報を扱う企業と自治体と住民との関係を捉える

（3）環境学習：自然を利用する事業者と自治体と地域との関係を捉える

（4）公と個：社会と人々との関係から考える

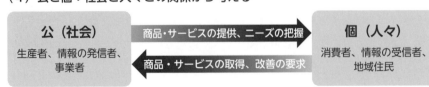

❹ 社会科の宿題を

　社会科は、自分で学習することが容易な教科です。学習問題をつくった後は、家で調べてきたくなるような展開にすることで、主体的に学習に取り組めるようにしていきたいものです。

（1）地図帳を活用した宿題

　単元で取り上げている地域だけではなく、県全体を調べる宿題がおすすめです。教育出版の教科書には、南魚沼市の稲作が掲載されています。そこで、地図帳を使って「新潟県調べ」をするのです。稲作が信濃川に沿った越後平野に広がり、その上を高速道路が通り、米の生産量が全国トップクラスであることがわかります。巻末の統計資料を使って気候や海流、産業の様子を見ていくと、更に理解が深まるでしょう。

新潟県全体を見ると、稲作が盛んな理由がより詳しくわかります。

（2）新聞記事やインターネットを活用した宿題

　新聞記事を使うと、食料生産や工業生産、情報などの「今」がわかります。新聞を取っていない家庭は、インターネットから記事を読むこともできるでしょう。教科書だけでは、一般的な内容にとどまってしまいますから、学習している単元と関連した新聞記事を集めて感想を書くようにするのです。教科書には掲載されていない、その年、その地域の課題をたくさん見付けることができます。新聞記事は、教科書とは違い、「～が課題である」と批評もあることから、子どもも賛成や反対などの立場を表明しやすく、社会と自分との関わりを見付けるきっかけになります。

新聞記事には日本の「今」の課題がたくさん

③ ６年生社会科の特徴

執筆者：佐々木英明

❶ 学ぶのは日本の政治と国際社会、歴史

　６年生は、小学校社会科の最終学年として政治と国際社会、歴史を学習します。３年生から鍛えてきた見方・考え方を活用し、日本の歴史や諸外国との関係について学習していきます。いずれの領域においても、５年生までの社会科学習の中で学んできた見方・考え方を用いて学習に取り組めるようにすることが大切です。

　また、政治や歴史について覚えることは大切ですが、それが目的となってはいけません。身近な暮らしと政治、歴史の出来事から、「自分はこう思う、考える」と意見をもてる子どもを育てていきましょう。

「誰が好き？」「どの時代に生まれたい？」など、人物への思いを高めていきます。

　小学校の社会科学習の最終学年となる６年生。指導要領の目標にあるように、「よりよい社会を考え主体的に問題解決しようとする態度」を養える授業にしたいものです。調べてまとめるだけにならないように、考える活動を工夫していきます。教科書にも、話し合い活動やパネルディスカッション、プレゼンテー

討論会やパネルディスカッションを通して議論する場をつくりましょう。端末を使った共同編集も効果的です。

ションや意見文などの取組が紹介されています。子どもが夢中になって話し合える活動づくりが大切になってきます。

❷ 年表、想像図・絵図の読み取り

（1）年表の読み方

年表には、「○○のできごと」とか「○○の流れ」といったタイトルが付けられています。どの年表においても、問いの解決に向けて必要な要素や、出来事が起こるための経緯が整理されています。例えば東京書籍の「条約改正の流れ」の年表には、江戸幕府の開国や日清、日露の戦争の記載があります。これらと条約改正との関係に着目することで単元の学習問題をつくることができます。年表の読み方を指導すると、

年	主なできごと
1854	江戸幕府が開国する
1858	不平等な条約を結ぶ
1871	ヨーロッパに使節団が送られる
1883	鹿鳴館で舞踏会などが開かれる
1886	ノルマントン号事件
	このころ条約改正に何度も失敗する
1894	陸奥宗光がイギリスとの条約の一部を改正する
	日清戦争が始まる（〜95）
1902	日英同盟を結ぶ
1904	日露戦争が始まる（〜05）
1911	小村寿太郎が条約改正を達成する

「条約改正の流れ」。開国から日清、日露の戦争の記載があり、それらの関係に着目できる。

子どもは歴史の原因結果をつないだり日本と外国との関係をつかんだりして、時代の特徴を捉えていくことができるのです。

（2）想像図・絵図の読み方

教科書には、想像図や合戦の屏風絵、写真といったように、当時の人々の動きがよくわかる絵図が掲載されています。これを読み取ることで、当時の生活の様子をつかめるだけでなく、時には出来事の真相に迫る事実やその時代を代表する考え方がわかることもあります。

想像図は、読み取らせたい歴史の意図がわかりやすく入っています。人々の生活や心情など、多くの情報を読み取ることができます。授業の目標に到達できるように読み方を指導していくことが大切です。

貴族の館と武士の屋敷の想像図（東京書籍）。人はもちろん、建物や堀、畑の有無から暮らしの違いが見えてくる。

第1章

❸ 政治学習と歴史学習、国際社会のつながり

　6年生の新しい教科書は、単元配列が大きく変わり、政治を歴史の前に学習することになりました。それに伴い、政治の中でも「国から地方」という順番に変わったのです。

　これによって、政治と国際社会のつながりが分断されたようにも感じますが、歴史を間に挟むことで、むしろ知識や思考のつながりがスムーズになったと言えます。なぜなら、政治学習を通して「政治的な見方・考え方」が鍛えられるわけですから、その後の歴史学習では、これまで以上に人物の政治的判断の意図を分析しやすくなりました。また、国際政治は現代史やこれからの未来を考えます。歴史の終わりに、身に付けたばかりの知識をすぐに使うことができるようになったのです。このことで、日本と諸外国との関係や国際貢献の在り方について、現在の問題の解決策を具体的に考え、未来志向で社会に関わろうとする意欲を引き出しやすくなりました。

　このように、新しい教科書の内容配列によって、子どもの知識の活用や思考のつながりを大切にした年間カリキュラムの設計が可能になったのです。

○6年生の新しい社会科教科書のカリキュラム設計

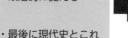
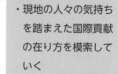

政治	歴史	国際社会
国の政治 日本はどんな国かを学ぶためのスタート ↓ **地域の政治** 政治と暮らしの関わり方を考える	・人物の判断や当時の民衆の心情から、歴史の出来事の意味を政治的に捉える ・最後に現代史とこれからの日本の在り方を学習し、日本人として課題解決の方途を考える	・選択した国を調べる中で、日本の関わり方を考える ・現地の人々の気持ちを踏まえた国際貢献の在り方を模索していく

❹ ポイントは社会参加

（1）政治学習で考える社会参加

　地域の政治の後半に人物の営みを取り上げ、「税金とサービス」「個と公」「市町村と町内会」等、一方を重視することでもう一方が不利益を被るという社会的なジレンマについて考える授業を設定します。そうすることで、授業の目的が意味理解にとどまらず、議論を始めたり自分の内面で葛藤したりするようになり、子どもがこれからの社会にどう関わるべきかを考え始めるようになります。

（2）歴史学習で考える社会参加

　人物の営みを取り上げる際は、中心人物以外の人や農民など、多角的に考えられるような授業場面を設定します。これによって、人物の判断のプラス面だけでなく、周りの人が感じたマイナス面も明らかになります。すると、「○○の行ったことはよかったね。でも、ぼくだったらこうしていたよ」と子どもなりに複数の立場にとってよりよい最適解を考えるようになり、歴史を読み物のように楽しみつつ、社会を見る目を養うことができます。

（3）国際社会の学習で考える社会参加

　輸出入や国際交流、国際貢献の在り方を考える単元です。「国や他人がやっていること」と人ごとにならないように活動を工夫したいものです。そのためには、「これからどうあるべきか」「今の問題点は何か」など、子ども自身に選択・判断を迫る問いを設定して議論を生むとよいでしょう。こうすることで、子どもは「これからの日本」を真剣に考えるようになっていきます。

自分にできる国際協力は募金だけでよいのか？

募金でよい
・お金があれば助けられる
・誰でもできる
・現地に行けない

行動が必要
・行動しないと助からない
・日本にいても他にもできる

自分にできる国際支援を考える活動をすると、募金という考えばかりが出される。それでよいのかを議論していく。

第1章

④ 第6学年の授業構想のポイント

執筆者：佐々木英明

❶ 授業と子どもの生活を結び付けて

　6年生で学ぶ歴史や政治は、ともすると子どもが生活との関わりを見いだすことができず、苦手意識をもちやすいものです。そこで、歴史でも政治でも子どもの生活の中にあるものと関連させて、教材を提示したり調べさせたりして実感を伴って学ぶことができます。

（1）歴史学習と生活を結び付けるポイント

　歴史学習では、当時の人々や人物の立場から気持ちを考えることが有効です。古墳や大仏造りに従事した人々や天皇や貴族、武士の役割になりきって演じたり台詞を考えたりすることで、子どもらしい豊かな発想をもって想像を膨らませられるのです。こうして想像した台詞や動きから、当時の人々の判断や行動の意味を考えることができます。

（2）政治学習と生活を結び付けるポイント

　政治学習では、新聞やインターネットから関係のある記事を探し、提示していくことが有効です。教科書で学んだ内容が「今まさに起こっていること」であると感じられると、子どもは本気になって考えようとします。国際社会の学習では、単元の初めや終わりに身の回りの生活との関係について考える場を設定するとよいです。身に着けている服や食べている物などの産業、文化の多くが外国からやってきたと知ると、子どもは相手国の様子を詳しく調べ、関わりのきっかけをつくることができます。

❷ 社会見学・体験学習の考え方

　日本の歴史、外国の様子について、実際に見学することは難しいですが、博物館に行ったり仮想体験の場を設定したりすることは可能です。歴史や政治の当事者の立場から考えられる機会をつくることが大切です。

（1）歴史学習を深めるための社会見学・体験学習のポイント

　地域に教科書に掲載された歴史遺産があるのなら、ぜひ見学に行きたいものです。実物が見られなくても、全国各地の博物館には土器や戦争当時の道具が展示されています。本物の色や質感、大きさに触れることで、当時の様子を想像できます。また、今ならホームページでバーチャル見学をして展示物を見られるところもあります。地域の博物館に問い合わせると、学芸員の方からたくさんのヒントをもらえることでしょう。

札幌市にある北海道博物館。縄文土器や戦時中のラジオなど、各時代の道具が展示されています。

（2）政治学習を深めるための社会見学・体験学習のポイント

　地域の政治を学ぶには、役所や児童会館といった公共施設の見学が有効です。また、町内会の役員の方に授業してもらうと、地域の政治に進んで参加しようとする自治意識を育むこともできます。選挙体験授業や租税教室も社会への関わり方を深く学ぶことができます。

　国際社会の学習では、JICA 施設などの国際貢献に取り組む機関を調べていくと学びが深まります。

　いずれの活動においても、直接行かなくてもゲストティーチャーとして学校で話を聞いたりバーチャル見学をしたりできるので、見学先に問い合わせてみるとよいでしょう。

JICA のホームページ。事業・プロジェクトの内容を調べられます。

❸ 異なる立場から考える

　小学校社会科の教科目標にある「多角的に考える」という言葉。これはすなわち、一人の人物の立場から考えるのではなく、二つ以上の複数の立場で考えることを意味します。歴史学習なら、人物同士の関係について考えたり、人物の行った政治の意図とそれを享受する民衆の気持ちを考えたりすることになります。時には、複数の人物の業績を観点別に調べることもあるでしょう。政治や国際社会の学習においては、為政者と民衆の二者が対立構造になることもしばしばあります。いずれにせよ、社会の出来事は異なる立場から見ると違って感じられるものなのです。

○異なる立場からの考え方

（1）人物同士の関係

A（例：北条時宗）・元を追い払いたい・撃退しても得しない	利害の対立 ←→ 敵対関係	**B**（例：フビライ）・日本を占領したい・台風がやっかい

（2）為政者と享受する民衆との対立・往還関係

A（例：聖武天皇）・天皇中心の国を目指す・大仏の力で不安をなくす	利害の一致 ←→ 主従の対立	**B**（例：民衆）・天皇のおかげで生活・過酷な大仏造りへの不満

（3）複数の立場を整理

A（例：近松門左衛門）・歌舞伎を勉強・人々を楽しませたい	**B**（例：杉田玄白）・蘭学、医学を勉強・人の命を救いたい	**C**（例：本居宣長）・国学を勉強・日本の心を取り戻す

❹ 社会科の宿題を

　6年生の学習は、本やインターネット、新聞を使って調べる活動が容易にできます。家で調べてくるように伝えたり、学校に資料を持ってくることを促したりするなど、子どもの興味を引き出して学習を進めたいものです。

（1）政治学習の宿題のポイント

　書店に行くと、小中学生向けの政治や法律、国際社会に関する本が多数陳列されています。家庭で購入していることも多いので、こうした本を読むことを推奨していきましょう。一人が興味をもちだすと、一人、また一人と本を読むようになり、政治への興味や知識を広げていくことができます。

（2）歴史学習の宿題のポイント

　6年生になると、歴史に興味をもち始め、自分で人物辞典や歴史漫画を購入して読んだりドラマや映画を見たりするようになります。NHKの大河ドラマも推奨するようにします。歴史人物の悩みや葛藤を人間ドラマとして見る中で魅力に引かれ、歴史の面白さに浸らせていきたいものです。

（3）1年を通して取り組める宿題

　学級で歴史や政治について調べる活動を1年間続けていくのもおすすめです。日直の子どもが行う交代制にし、毎日朝の会で「私の偉人」「今日のニュース」などのコーナーを設けて調べたことを発表するようにします。調べてきたシートはファイルに綴じていきます。1年後に、学級の人数分印刷して製本、配付すると、歴史や政治をテーマにした「1年間の学びのアルバム」となります。全員で取り組むので負担感も少ないですし、発表の日の前までに調べて準備させることで、自分でテーマを決めて調べる力が育ちます。

クラスの「偉人伝」辞典

第1章

⑤ 高学年社会科における ICT 端末利用の工夫

執筆者：佐々木英明

❶ 5年生における活用の工夫

（1）調べた情報を交流・蓄積する

　5年生は国土の学習ですから、地図や統計資料を貼り付けたスライドデータを配付し、調べ学習として書き込むことで、印刷せずに取り組むことができます。Jamboard 等の共同編集機能やオクリンク等のデータ送付機能を使って、子どもが調べたことを互いに読み合って交流し、たくさんの情報を得ることが可能です。

（2）話し合いにおける活用

　一人一台端末を活用すると、互いの考えを集積し傾向を分析することができます。Forms や Jamboard、スライドなどを使って全員の考えを記載したり集約したりすることができるため、他者の意見を取り入れて考えを再構築することが容易になりました。下の図のように子どもの考えの結果を提示すると、それに対して納得や疑問を抱いて結果に対する感想を述べ始めます。これをきっかけに話し合いを深めたり、議論したりすることもできます。

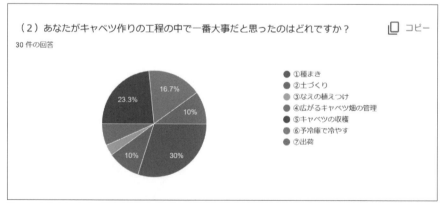

Forms を使うとすぐに回答をグラフ化できる

❷ 6年生における活用の工夫

（1）図や絵の読み取りが容易に

　教科書を見ると、歴史単元の初めにはたくさんの想像図や絵が掲載されています。これらを添付したスライドを配付し、班ごとに共同編集するのです。すると、子どもたちは競い合って気付いたことをスライドに書き込むとともに、仲間の気付きを自分のものにすることができます。この共同編集の活動の際は、疑問も書き込ませるようにします。その後、班ごとに学習結果を発表すると、時代のおおよそを捉えながら調べるテーマや単元の学習問題を共有することができます。

（2）立場の違いを鮮明にする話し合い・議論での活用

　社会科らしい学び方として、立場の違いを捉える「多角的な学び」の場面があります。特に高学年では議論の場を設定し、立場によって考え方が異なると学んでいくことが大切です。Google 社の Jamboard を使うと、議論が簡単にできます。教師が子どもの考えを一度につかみ、意図的に指名をして根拠を引き出すことで活発な話し合いが可能となります。

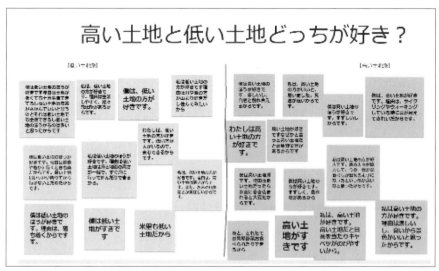

付箋の色を2種類に分けると議論しやすい

① わたしたちの国土

地理認識の第一歩
空間の広がり

レジリエントなまちづくりに向けた課題探究

執筆者：中里彰吾

❶ 特徴　―ストーリー仕立ての学習展開―

　我が国独自の生活習慣は、四季の変化があることによって発達してきたといっても過言ではありません。国土の自然環境と国民生活の関連を考えることが本単元のポイントです。

　日本列島の南北約 3,000km の中には、様々な自然条件に適応してきた人々の営みが無数に存在します。それらを関連付けて考える力を育むことを目指していきます。

（1）レジリエンスなまちづくりに向けた課題探究

　本単元では、自然のもつ力に抗うのではなく、レジリエント（＝しなやかな、強靭なの意）な暮らしを送ってきた人々に着目していきます。

　本単元において、第2次と第3次は〈地形〉、第4次と第5次は〈気候〉と探究のテーマが明確に位置付けられています。どちらのテーマにも共通して、①自然環境による影響→②しなやかな暮らしの工夫→③デメリットをメリットに転換（生活・産業）→④まとめ活動、という学習展開を用いることで、どのように順応してきたのか、産業として発展させてきたのか、ストーリー仕立てで単元を構成していくことができるのです。

自然環境による影響　しなやかな暮らしの工夫　産業への転換　まとめ活動

ストーリーの展開例

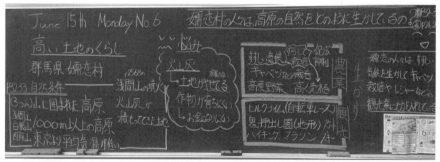

1時間の授業の中にもストーリーを取り入れる。
（左から自然環境→悩み→産業への転換→まとめ）（第3次「高い土地のくらし」嬬恋村の例）

（2）地理認識を視覚化する手描き地図の作図活動

　児童が、自分たちとは異なる環境で生活する人々の立場で考えることは、なかなか難しいことです。そこで、対象に対する児童の認識を明確にする必要があります。その手立ての一つに手描きによる地図の作図が挙げられます。

　はじめに、何も見ずに、ノートに頭の中に思い浮かぶ世界地図や日本地図を描きます。抽象的なものや大陸や海洋の位置がちぐはぐなものが多いですが、ありのままを認めます。描き終わったら地図帳や地球儀で確認します。特に本単元の第1次では、毎時間の導入に位置付けて、繰り返していくうちに短時間かつおよそ正確な地図が描けるようになってきます。

　単元を通して、できれば年間を通して描く活動を取り入れていくことで、児童の地理認識は飛躍的に向上していきます。

5年生で初めての社会科の授業。児童と一緒に地図を手描きする。

❷ 資料の作り方

（1）教室環境の整備から

　国土の地理的環境の特色を理解する上で不可欠なのが地図や地球儀、統計など
の資料です。特に第1次では、世界の中の日本の位置関係、第2次では国土の地
形の位置関係を捉えさせる必要があります。

　そこで、世界地図と日本地図を教室に常掲したり、自由に手にすることができ
る地球儀を置いておいたり、日常的に児童に資料に親しませるための環境を整え
ておきましょう。地図帳の巻末の統計資料を拡大印刷し、都道府県や世界各国の
データを閲覧したり、自由に書き込んだりできるようにしてもよいです。その際、
児童の目の高さや手が届く距離に設置するなどして、親しめるようにすることが
大切です。

（2）キーワードは火山　〜世界の火山「分布状況」〜

　日本の国土は、世界の陸地に占める割合は約0.25%ですが、世界の活火山の約
1割が密集しているという特色をもっています。東京書籍の教科書にも、「日本
の主な火山」の図が掲載されていますが、加えて、気象庁作成の世界の火山の分
布図を提示すると、児童は「うわぁ、火山だらけで日本列島が見えない！」「日
本が真っ赤だ。（分布ドットが赤いため）」と実感の伴った理解へと結び付けてい
くことができます。資料を通して、世界有数の火山大国だということを捉えさせ
ましょう。

（3）5年生でも、お砂場遊び⁉

　児童の幼少期の「お砂場遊び」の体験を想起させ、地形の特色を捉えさせます。
多くの児童が砂場で「おやま」を作ったり、水を流して「川」や「海」を作った
りする経験をもっていることでしょう。それを噴火によってできた山とし、山に
降らせた水が、カルデラ湖や河川、平野、三角州など様々な地形を形成している
ことへの理解へとつなげます。童心に帰り、休み時間にクラスで「お砂場遊び」
に興じてもよいでしょう。国土の地形の特色の理解の根本には、ほとんどの場合
において、火山に起因し地形が形成されていることを念頭に置いて教材化を進め
ていきましょう。

（4）人物の功績から考察する　ヨハネス・デ・レーケ

　第3次の「低い土地のくらし」において、東京書籍の教科書には明治の御雇外国人、オランダの技師であるヨハネス・デ・レーケの功績が登場します。デ・レーケによる治水工事の時期と水害発生数のグラフを関連付けて提示することで、地域にもたらした影響を考えさせたいです。グラフの提示の方法については、本書P73の方法をとるなども考えられます。

　教育出版の教科書では利根川流域を扱っていますが、デ・レーケは利根川の治水にも関わっているので、東京書籍同様、グラフや地形図などの資料と関連させて思考の手立てとなります。

（5）デジタルツールを最大限活用

　国土地理院の「地理院地図／GSI Maps」は不可欠です。低地や高地の学習においては、任意の2地点の断面図を作成できるのが強みです。また、年代別の地図をレイヤー表示させることができるため、土地利用の変化を容易に提示することができます。同様に「地図・空中写真閲覧サービス」も有効な資料となります。内閣府のRESASで各地の観光客の動態のグラフ作成もおすすめです。

（6）雨温図と生育適温はマストアイテム

　第5次「あたたかい土地のくらし」／「寒い土地のくらし」において、気候の特色を捉えるための雨温図。その自然環境を農業に生かすことの理解を促す資料としての生育適温は必須です。例えば、北海道が全体の77％の生産割合を誇るじゃがいもの生育適温は15〜24℃とされており、北海道の冷涼な気候にうってつけなのが容易に理解できます。第2単元の食料生産との関連を考えるのであれば、北海道では春作であること。温暖な気候でありながら、じゃがいもの生産量第2位の鹿児島県では秋作を行っていることなどにも触れるとよいでしょう。

　また、生育適温は第3次の「高い地域のくらし」の農業が高地の涼しい気候を生かしてキャベツやレタスを栽培していることを提示するときにも用いることができます。

❸ ICT 活用のポイント

（1）情報の収集

　我が国の国土の広がりについて地図帳で位置関係を調べることは不可欠です。しかし、地図帳よりも詳細に地理的環境を捉えるには Google Maps が有効な面もあります。日本最西端の与那国島はストリートビューで島内観光ができます。また、ストリートビューこそないものの、択捉島に複数存在する 360° ビュースポットで島の雰囲気を知ることができます。

（2）情報の分析

　東京書籍の教科書の第５次「寒い土地のくらし」では、北海道のアイヌ語地名に関するコラムがあります。共同編集できるソフトウェアを使って、各自で調べたアイヌ語地名を学級でグルーピングしていきます（例：〜ペツ、ベツ＝川、〜ナイ＝川など）。そうすることで、北海道の地理的環境の特色だけではなく、長い間、自然とともに生活してきたアイヌ民族の考え方が今にも伝わっていることを理解させることができるでしょう。

　また、複数人の考えや調べたことを可視化するツールとしてテキストマイニングを用いることも考えられます。例えば、課題探究に向けて、低い土地のデメリットをどのようにメリットに転換しているかを問い、各自の考えを分析し、「治水」や「生活」、「農業」「レジャー」などのキーワードを抽出することで、授業のまとめに役立てることができます。

（3）話し合い

　児童がもつ基本的な情報源はやはり教科書です。児童用デジタル教科書を使って資料を読み取らせることも有効です。東京書籍の教科書の場合、岐阜県海津市や北海道十勝平野などのパノラマ写真からどんなことがわかるか話し合いを進めていくことができます。紙の教科書よりも鮮明に写り、容易に拡大する

デジタル教科書を自由自在に操作する児童

ことができるため、読み取れる情報に違いが出てきます。

（4）振り返りとまとめ

　東京書籍の教科書の第1次のまとめでは、国土の広がりや領土の様子などを「ことば」を用いて表にまとめる活動が位置付けられています。そこで、「ことば」を用いたクイズゲームを作る活動を取り入れます（下図）。問いと答え、不正解時の解説やヒントをセットで考えさせることを活動の中心に据えます。このようなサンプルコードをクラス全体で共有することで、プログラムを組む時間に終始せず、まとめ活動に集中することができます。

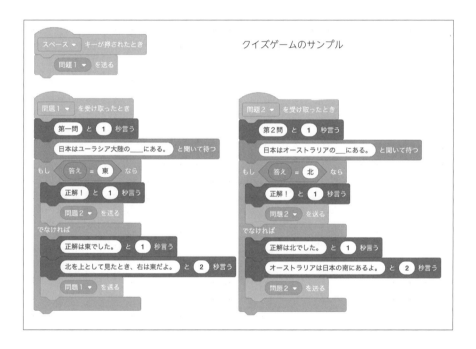

　このサンプルでは、正解時に次の問題へ、不正解時に解き直しへとジャンプさせていますが、問題を複数作り、出題順をランダムにするなど楽しみながら学習をまとめさせることも可能です。また、このクイズゲームは第1次だけでなく、他単元や他教科のまとめや学習の振り返り活動に転用することができる活用方法です。学年が始まったばかりの時期にこの活動を位置付けることで、1年間の学習活動の引き出しを増やすことができると考えます。

❹ 単元の展開例

（1）単元の展開〈20 時間扱い〉

○単元のめあてづくり〈1 時間〉

第 1 次　世界の中の国土〈4 時間〉

第 2 次　国土の地形の特色〈3 時間〉

第 3 次　低い土地のくらし〈5 時間〉（選択：高い土地のくらし）

第 4 次　国土の気候の特色〈3 時間〉

第 5 次　寒い土地のくらし〈4 時間〉（選択：あたたかい土地のくらし）

（2）各時の展開例

オリエンテーション〈1 時間〉

時	主な学習内容	指導上の留意点
1	・世界地図を何も見ずに描いてみる。 ・地球儀や衛星写真を見て、調べたいことを話し合う。	・15 分程度描く時間をとる。おおよそで構わないこと、わからない部分は想像して描くことなどに留意する。 ・地球儀や地図、衛星写真などで確認させる。 ・気付いたことを自由に発言させる。
	【学習問題】日本は地球のどこにあり、人々の暮らしは、どのようになっているのでしょうか。	

第 1 次　世界の中の国土〈4 時間〉

時	主な学習内容	指導上の留意点
1	・世界地図を何も見ずに描く。 ・地球の様子や地図を見て話し合い、世界の中の日本について学習問題をつくる。	・前時同様、世界地図を何も見ないで描く時間をとる。12 分程度。おおよそでよいが、前回よりも短時間で描くことを伝える。 　残り 3 分は地図を見てもよいなどヒントを与えてもよい。 ・地球儀の使い方の指導　緯度・経度 ・6 大陸 3 海洋の位置や広がりを捉えさせる。
	【学習問題】世界から見た日本の国土はどこにあり、どのように広がっているのでしょうか。	

時	主な学習内容	指導上の留意点
2	・世界地図を何も見ずに描く。 ・世界の主な国々と日本の位置や国旗について調べる。	・世界地図を描く。本時のまとめはノートに描いた世界地図にまとめていくことを伝える。 ・Google Earth や地図帳などで、それぞれの国の特色に興味をもたせる。 国旗 ・調べた国が日本とどのような位置関係にあるのか、方位を用いてまとめさせる。
3	・日本地図を何も見ずに描かせる。 ・日本の国土の特色について調べる。	・10 分程度で描かせ、Google Earth や地図帳で正しい地形を確認させる。 ・日本の国土の様子について気付いたことを話し合わせる。 ・島の多さ、海岸線の長さ、東西南北の端の島の位置などを確認し、島国としての国土の広がりの特色を捉えさせる。 排他的経済水域
4	・日本地図を何も見ずに描かせる。 ・日本の領土の範囲について調べる。 ・日本の国土の特色についてまとめる。	・7 分程度で描かせ、Google Earth や地図帳で正しい地形を確認させる。 ・教科書の写真や本文を使って、領土の範囲をめぐる問題について理解させる。 領土 ・プログラミングでクイズゲームを作成する。

第2次　国土の地形の特色〈3時間〉

時	主な学習内容	指導上の留意点
1	・景観写真を見て、日本の地形の特色について話し合い、学習問題をつくる。	・日本の地形の特色について話し合い、単元の学習問題をつくる。 ・児童用デジタル教科書を活用し、資料からわかることを全員で共有する。 　山が多い、海岸が複雑など
	【学習問題】国土の地形には、どのような特色があるのでしょうか。	
2	・日本の山地や平野、河川の特色や広がりについて調べる。	・教科書の資料や地図帳から山地や平地の特徴を調べる。 　山地・平地 ・国土の73%（およそ3/4）は山地である。 ・火山分布図 ・日本の川は外国に比べ短く、流れが急である。
3	・日本の地形の特色についてまとめる。	・結び付く山地・河川・平地のリストを表計算ソフトの共同編集でまとめていく。 　日高山脈　→　十勝川　→　十勝平野 　九州山地　→　筑後川　→　筑紫平野 ・教科書の白地図を完成させる。 ・国土の地形の特色についての学習の振り返りと自分の考えを書く。

point　わかる教え方　流水実験装置や砂場を使って、川や平野をつくる実演をすると児童は大喜びだ。大地が何万年もの時間をかけて変化してきたことをモデル化することで、実感の伴った理解につなげ、人の営みへと関連付けていく。

第3次　低い土地のくらし〈5時間〉（選択：高い土地のくらし）

時	主な学習内容	指導上の留意点
1	・岐阜県海津市の土地の様子や人々の生活について考え、学習問題をつくる。	・岐阜県海津市の土地の様子や、人々の生活について考え、学習問題をつくる。 ・児童用デジタル教科書を活用し、資料からわかることを共有し、学習の見通しをもつ。 堤防 ・ 輪中
	【学習問題】大きな川に囲まれた海津市に住む人々の暮らしや産業には、どのような工夫があるのでしょうか	
2	・輪中に住む人々が水害からどのように生活を守ってきたか調べる。	**生活の工夫**　水防演習　自助・共助・公助　　　**治水**　オランダの技術　水害激減
3	・輪中に住む人々が豊かな水をどのように農業に生かしているか調べる。	**土地改良事業**　田の形を整備　水路の埋め立て　 効率のよい農業 　　**施設整備**　排水機場　パイプライン　 必要時に必要量の水を 大規模な農業を行うことができるように！
4	・輪中に住む人々が豊かな水をどのように生活に生かしているか調べる。	**水を生かす**　高校のヨット部　デ・レーケ記念　交流レガッタ　つり、川魚の料理　　　**水辺を生かす**　千本松原木曽三川公園　チューリップ祭（デ・レーケの恩）
5	・海津市の人々の暮らしや産業における工夫についてまとめる。	・地理的条件をレジリエントな生活に順応させてきた人々の営みのストーリーについてICT学習支援ツールを用いてまとめさせる。 ①自然環境→②工夫→③転換→④自分の考えや他地域との比較など

第4次　国土の気候の特色〈3時間〉

時	主な学習内容	指導上の留意点
1	・日本の気候について考え、学習問題をつくる。	・同じ地点の四季の変化、3月の各地の様子を見てわかったことや疑問に思ったことを話し合い、学習問題をつくる。　気候
	【学習問題】日本の気候には、どのような特色があるのでしょうか。	
2	・日本の梅雨や台風、季節風にはどのような特色があるか調べる。	夏になると 太平洋側から湿った空気→梅雨・台風　　冬になると 日本海側から湿った空気→雪・からっ風　　降水量・季節風 山地にぶつかるんだね。
3	・日本の気候の特色についてまとめまる。	・自然環境と気候区分を関連付け、比較することで各地の気候の特色を読み取り、自分の考えを深めていく。 ・ICT 授業支援ツールを用いて、キーワードカードを自由に並べ替えながら自分の言葉で学習したことをまとめられるようにする。 「日本列島は 南北 に長く、山がちな 地形 によって 季節風 の影響を受けやすい。そのため、夏になると……」 ・地図や写真を自由に貼り付けられるよう、児童に雨温図などの素材をオンラインで共有できるよう準備しておくとよい。

わかる
教え方

「調べ学習≠ググる（検索）」「一人一台端末」の整備によって、調べ学習は飛躍的に便利になったと感じるが、「ググった（検索した）文章をただコピペ（そのまま貼り付け）」では意味がない。資料からしっかり情報を読み取る力を身に付けさせたい。

第5次　寒い土地のくらし〈4時間〉（選択：あたたかい土地のくらし）

時	主な学習内容	指導上の留意点
1	・北海道の家や暮らしの工夫について考え、学習問題をつくる。	・雨温図や写真から暮らしの工夫について考え、学習問題をつくる。冬を暖かく過ごす工夫はあるの？雪が降って大変ではないのかな？
	【学習問題】北海道の人々は、雪や寒い気候をどのように暮らしや産業に生かしているのでしょうか。	
2	・札幌市に住む人々が、雪とともにどのような生活を営んでいるか調べる。	**雪対策**　　　**雪を生かして** 札幌市に住む人々は、安全のために除雪したり、雪を観光に生かしたりしているんだね。
3	・十勝地方の人々が、自然を生かしてどのような産業を行っているか調べる。	**広い土地** 全国平均の20倍以上 大規模農業 契約農家 **農業の工夫** たくさんの種類を 甜菜→砂糖 輪作の工夫 涼しい気候と広い土地を生かしているんだね。
4	・北海道に伝わるアイヌの文化について調べる。 ・寒い地方の暮らしの特色をまとめる。	**衣**　アットゥシ　**食**　自然のめぐみ　**住**　チセ ・北海道には昔から 先住民族 のアイヌの人々がいて、独自の文化をつくってきた。 ・地理的条件をレジリエントな生活に順応させてきた人々の営みのストーリーについてICT学習支援ツールを用いてまとめさせる。 ①自然環境→②工夫→③転換→④自分の考えや他地域との比較など

② わたしたちの生活と食料生産

多角的・多面的に食料生産を考える

稲作体験を通した実感的な学びの効果

執筆者：佐々木英明

❶ 特徴―多角的・多面的に考える学習構成―

（1）多角的に考える学習を成立できる稲作体験と水産業シミュレーション

　東京書籍の教科書では、食料生産の学習で稲作と漁業を取り上げています。単元を通して、生産者の工夫や努力を感じるためには、年間を通して農家や漁師の仕事の様子を見学することが一番よいでしょう。しかし、どの地域でも稲作や漁をしているわけではありません。そこで有効なのが、JAグループが推奨するバケツ稲体験授業です。ホームページから団体申し込みをしたり、学校に届く案内で取り寄せたりすることができます。

　右の写真が、実際に育てたバケツ稲の様子です。バケツでも立派な稲を育てることができます。種もみから育てることで、生育環境や土づくり、水質管理や鳥獣対策まで追体験できます。子どもは、消費者の立場で考えがちですが、生産者の立場から考えられるようになります。

バケツ稲で育った稲

　水産業の学習でも体験はできます。直接体験が難しくても、養殖業と栽培漁業の仕組みの違いを捉えるために教室を港の生け簀と見立てたり、生け簀と卵、稚魚、成魚のカードを配付したりしてシミュレーションするのです。

　このようにすることで、生産者の立場から稲作や漁業の姿が見えてきます。

ホームページ

（2）多面的に考える学習の始まり

　東京書籍の教科書では、我が国の食料生産の課題解決に向けた取組として、産地のブランド化や6次産業化、IT化、トレーサビリティや地産地消の取組を取り上げています。これらのよさだけを考えるのではなく、その実現に立ちはだかる費用や価格の上昇、税金の投入、関連業者との調整、消費者の行動といった課題に向けた取組に目を向けていくようにします。思考・判断・表現の活動として「議論」をする場面をつくり、夢中になって考えるようにします。その中で、食料生産の課題が「対立と合意」によって進められていると知り、社会認識を深めていくことができるのです。

　例えば、次のような議論の場面をつくることができます。

なぜ、農家の人は農薬を使うのだろうか？	
【マイナス面】	【プラス面】
・病気になるかもしれない ・味が落ちる ・評判が悪くなる	・確実に育つ ・収穫の安定 ・虫がつかない ・雑草抜きをしなくてよい

米の大量生産と高品質化どちらの考えをとるべきか？	
【大量生産】	【高品質化】
・大量に売ることで収益 ・広大な土地と大規模化が必要	・価格を高めて収益 ・盆地などの地形と減農薬等が手間

　「なぜ型」の問いをつくり、マイナス面から反対意見を引き出した上で、プラス面の価値とどちらをとるか考えることができます。また、「どちら型」の問いで、二つの方法を徹底的に議論するのもよいでしょう。「自分なら型」は、当事者意識をもって考えることができます。

後継者不足の問題を自分ならどうする？	
【大規模】	【多角化】
農地を広げて機械化し大量生産	生産だけでなく販売や加工をする
【国の支援】	【農家の増加】
税金で機械・人・農地を提供	宣伝・会社化・税金で人を増やす

　このように、選択・判断を促す学習によって、多面的に考える力を身に付けながら、社会科の教科の目標にある積極的に社会参画しようとする態度を育てることができます。

❷ 資料の作り方

（1）子どもと作る食料生産地図

　単元の初めは、家庭にある食料の産地調べを行い、農業・漁業への関心を高めるとともに、地形や気候など盛んになる理由に着目させていくことが大切です。

①チラシを産地ごとに日本地図に位置付ける

　家庭からスーパーマーケットのチラシを持ち寄り、食品ごとに切って黒板に貼った日本地図に位置付けていきます。すると、子どもたちが暮らす地域やその周辺に多くの野菜や果物の写真が並んでいきます。さらに、野菜や果物、米、肉などの産地として有名な地域に、それぞれの写真が貼られていきます。

　また、地図の左上は外国産の食品を貼るスペースにしました。多くの食品の写真が貼られており、日本ではとれない食品や旬ではない生鮮食品が多く貼られていきます。

②産地の広がりを分析する

　チラシを貼り終えたら、「何か気付いたことはないかな」と発問します。子どもは多いところに着目しますから、住んでいる地域でとれた野菜や果物が多いことや、新鮮で輸送費がかからなくて値段も安いことに気付いていきます。また、産地の有名な食品があることも意見として出され、自然条件や出荷時期との関係を予想する子も出てきます。加えて、外国産の食品が非常に多いことも明らかになっていきます。

日本地図に地図を貼り付けた時の様子

（2）鳥瞰写真から稲作の盛んな地域の地形や気候を捉える

　第2次の「米づくりのさかんな地域」の冒頭には鳥瞰写真とそれに対応した土地利用図が掲載されていますが、教科書会社によって、稲作の盛んな地域の特色の取り上げ方は異なります。

　東京書籍の教科書では、庄内平野の様子が掲載され、川幅の広い最上川下流沿いに広がる平野で大規模に稲作を行っている様子を捉えることができます。一方で、教育出版の教科書を見ると、南魚沼市の様子が掲載されています。こちらは東西の山に囲まれた盆地の中心部を魚野川が流れ、その周りで稲作をしている様子をつかむことができます。

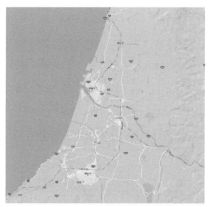

庄内平野

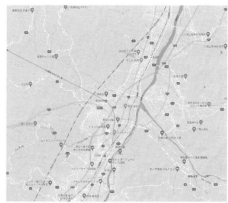

南魚沼市

　どちらも、稲作方法の特色を捉えるために象徴的な資料です。庄内平野の様子からは、「大量生産」の様子、南魚沼市の様子からは「食味」を重視した稲作を進めている様子がわかります。教科書各社は、一つの地域を取り上げていずれかの工夫をつかませるようにしています。ここでは、我が国の稲作全体の特徴を捉えるために、掲載していない方の写真や地図を併せて掲示すると効果的です。両者を並べて黒板に掲示し、児童に資料として配付することで、比較を生みます。そうすることで、「大量生産」で「食味」の良い米を生産する日本の稲作の工夫がわかってきます。

❸ ICT 活用のポイント

　食料生産の単元は学習内容がたくさんあることから、これまで情報の収集と整理に多大な時間を費やしてきました。今は、ICT を効果的に活用することによって、広く情報を集めた上でわかりやすく整理できるようになりました。これによって、正確に資料を分析し多角的・多面的に考えやすくなりました。

（1）情報の整理

　稲作地帯の広がりの様子を調べる際には、Google Jamboard を使用すると効果的・効率的です。調べ学習の内容を 1 枚の日本地図上にある該当地域の上に付箋で貼ります。すると、地域ごとの稲作の特徴が 1 枚にまとめられ、このシート 1 枚で稲作の広がりの特色を捉えることができます。子どもたちにとって「調べたこと百科事典」となって、シートを見るだけで互いの調べた内容をつかみ、情報を得ることとができます。記載するテーマや学習班ごとにシートを作ることで、集めた情報をグループごとに整理することもおすすめです。

授業で使用した Jamboard のスライドの様子。項目ごとに色を変えて付箋を貼っている。

（2）話し合い

　稲作の単元では、生産性や品質を高めるための努力について考える学習で話し合いをするとよいでしょう。東京書籍なら「庄内平野の農家の○○さんはどうして高価な機械を購入して米づくりをしているのだろう」、教育出版なら「南魚沼市の農家の○○さんはどうして大量生産できる越後平野ではなく魚沼盆地で米づくりをするのだろう」という問いが考えられます。

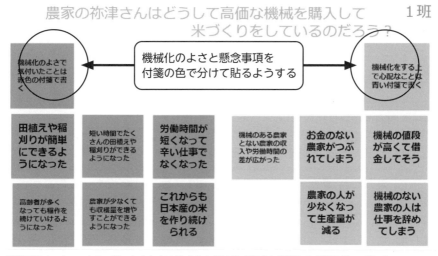

授業でのJamboardの一例。左上と右上はあらかじめ書く視点を明記した付箋を貼っておく。

　こうした単元の学びの核となる問いについて考える時間では、前半にJamboardを用いて調べたり考えたりする活動を取り入れましょう。話すのが苦手な子どもも付箋で短く予想を書くことができます。自分の考えを書き込むと同時に仲間の考えも読み取れるので、一度予想したことに自信をもてるのです。

　その後の話し合いでは、「○○さんはどうしてこう思ったのかな」と付箋を見て、子どもの考えの根拠を問う意図的な指名が可能になります。これによって、たくさんある子どもの考えをスムーズにつなげていくことができるのです。授業の最後には、青い付箋の懸念事項を取り上げます。これらの問題点への対処を予想して、次時の問いをつくっていきます。

❹ 単元の展開例

（1）単元の展開〈25時間扱い〉

○単元のめあてづくり〈1時間〉

第1次　くらしを支える食料生産〈4時間〉

第2次　米づくりのさかんな地域〈8時間〉

第3次　水産業のさかんな地域〈7時間〉

第4次　これからの食料生産とわたしたち〈5時間〉

（2）各時の展開例

○オリエンテーション〈1時間〉

時	主な学習内容	指導上の留意点
1	・日本各地の給食調べから、材料の供給地に着目し、学習の目標を決める。	・献立表やインターネットなどで給食の材料を種類ごとに分類したり供給地を確認したりして、産地や運輸に着目し、単元の目標を考えられるようにする。

【めあて】　私たちが食べているものは、どこでつくられ、どのように運ばれてきているのだろうか。

第1次　くらしを支える食料生産〈4時間〉

時	主な学習内容	指導上の留意点
1	・食料品の産地について調べ、学習問題をつくる。	・チラシを見て食品の産地について地図帳を使って調べ、日本地図に位置付ける。その後、外国産の食品については地球儀で輸入先の国を確認すると、輸送の距離が見えてくる。

周辺の中国や韓国だけでなく、日本から遠いアメリカ、ブラジルなどの国からも輸入していると気付いていきます。

【学習問題】私たちの暮らしを支えている食べ物の産地は、どのように広がっているのだろうか。

時	主な学習内容	指導上の留意点
2	・米の主な産地について調べる。	・分布や雨温図を基に稲作が盛んな自然条件を分析し、日本海側の平野に多くの地帯が広がる様子を捉えるようにする。
3	・野菜、果物、畜産の産地の広がりについて調べる。	・野菜、果物、畜産の分布の様子から地図や雨温図を基にそれぞれの生産が盛んな自然条件を分析し、これらの広がりを捉えさせるようにする。
4	・食品の産地を地図に位置付け、分布の特徴を捉える。	・東京書籍の教科書に掲載されている土地利用の様子を示した日本地図のスライドを配付して、畑作が盛んな地域の生産品目を調べ、分布の特徴をまとめさせる。 ・このページと地図帳の地形図を合わせていくことで、水田が河川の下流に面した平野に多いことや、果物や野菜がそれぞれの土地や気候に適した場所で栽培されていることに気付くことができる。 ・地図帳で果物のマークを調べて白地図に記入させると分布の特徴が捉えられない子もよくわかる。

わかる教え方 Point

ここでは、食料品の産地と生産量・生産額を丁寧に押さえておく必要がある。これらが次の単元の学習を支える知識となるからである。そのために、日本地図を配付して産地に食品を位置付ける活動や資料集や地図帳に掲載されている生産量・生産額のグラフを読み取る活動を行い、小テストや共同編集での読み取り活動を通じて、確実な理解を目指していくことが大切である。

第2次 米づくりのさかんな地域〈8時間〉

時	主な学習内容	指導上の留意点
1	・庄内平野の特徴をつかむ。	・庄内平野の鳥瞰写真から広大な平野や最上川と用水路を確認し、地図帳などの具体的な資料を使って地形や気候について詳しく調べようとする意欲を引き出していく。
2	・庄内平野の米づくりについての学習問題をつくる。	・水田の航空写真や米の生産量のグラフを読み取り、米の大量生産を実現するための工夫について問題意識をもてるようにする。

教科書に示された水田の一区画の広さをグラウンドで確かめると、稲作の規模の大きさを実感することができます。

【学習問題】庄内平野で米づくりに関わる人々は、どのような工夫や努力をして、生産しているのだろう。

時	主な学習内容	指導上の留意点
3	・農家の人々の米づくりの工程について調べる。	・教科書や資料集を基に農事ごよみを作成し、稲作の工程や生産に直接携わらない時期の農家の人の仕事について調べていく。
4	・農家の人々の生産性を高めるための工夫について調べる。	・多額の費用をかけて水路を整備したり農業機械を導入したりする理由について調べて考えることで、生産性を高めるための工夫を捉えることができるようにする。

【問い】なぜ、多額の費用をかけてまで整備や機械化を進めるのだろう。

農家が協力
・田の形を整える
・区画を広げる

生産性の向上を実現

効率化
・労働時間を減らせる
・小さな力で多く収穫

時	主な学習内容	指導上の留意点
5	・農家を支えている人々の働きについて調べる。	・営農指導員や農業試験場、農協、水質管理業者といった農家を支えている人々の働きを調べ、その成果を交流する。
6	・米の保管と輸送について調べる。	・米の流通マップを用いて、陸路だけでなく、海路についても捉えていく。
7	・農家が抱える課題と解決に向けた取組について調べる。	・共同化や消費者との結び付き、環境保全、種もみの直まきといった新しい工夫によって生産性を向上させ、課題を乗り越えてきた工夫を捉えていく。
8	・学習問題について振り返り、わかったことをまとめる。	・スプレッドシートを使用する。調べ学習のテーマごとにシートをつくり、児童全員で記入する。それを互いに見合うことで多くの情報をまとめることができる。

一番左の列から、「出席番号」「氏名」「問い」「わかったこと」をそれぞれ記入する。自分で文章を書くことが苦手な子どもも周りの記述を見て知識を得ることができる。また、シートを見て情報の共有ができる。

第2次は、食料生産単元のメインとなる稲作である。資料や学習内容の量が多いことから農家の立場で考え、努力や工夫を感じることが難しい。そこで、稲作体験や農家への見学、オンラインを用いたゲストティーチャーの授業等、農家の立場で考える機会を設定したい。そこで、「農家の人ならどう感じるか」「農家の人が大変な仕事である稲作をしていない時の仕事は何か」等、教科書ではわからない具体的な事実や心情を聞き取っていきたい。

第3次　水産業のさかんな地域〈7時間〉

時	主な学習内容	指導上の留意点
1	・長崎の水産業についての学習問題をつくる。	・教科書のグラフから日本の魚介類の消費量の多さや生産量の減少を読み取り、水揚量や生産額の割合から漁業の特徴について調べるための問題意識をもてるようにする。
	【学習問題】長崎の水産業に関わっている人々は、どのように魚をとり、消費者に届けているのだろうか。	
2	・沖合漁業について調べる。	・グラフや図、写真を使う。また、メールや手紙を使って質問をする方法を確認する。
3	・長崎漁港で水揚げされた魚の輸送について調べる。	・教科書に掲載された写真を1枚ずつに分け、輸送網を示した日本地図に位置付ける。運輸の仕組みがわかり、輸送コストと価格決定の仕組みが捉えられるようになる。
4	・つくり育てる漁業の仕組みについて調べる。	・養殖・栽培漁業の工程ごとの役割を追体験し、その仕組みを捉えられるようにする。

教室内を区切って役割になり切って演技をすると、つくり育てる漁業の持続可能性に気付くことができる。

たまごをかえす　　陸　　魚をとる

魚を海に放す　　人工の漁礁

岩場をつくる

時	主な学習内容	指導上の留意点
5	・水産加工業について調べる。	・具体物や写真を提示して表示を確認し、加工品について調べられるようにする。
6	・日本の水産業の課題について調べる。	・200海里漁業水域の分布と輸入量、生産量のグラフを読み取り、漁獲量の減少と働き手不足の問題を捉えさせる。
7	・学習問題について振り返り、わかったことをまとめる。	・プレゼンテーションソフトの使い方を指導し、調べ学習のテーマ一つにつきスライド1枚にまとめさせ、成果を共有する。

第4次　これからの食料生産とわたしたち〈5時間〉

時	主な学習内容	指導上の留意点
1	・食料生産の課題について学習問題をつくる。	・食料自給率のグラフを読み取り、低下による影響について考え、解決方法を予想していく。
	【学習問題】日本の食料生産にはどのような課題があり、これからどのように進めたらよいのだろう。	
2	・食生活の変化がもたらす生産への影響について調べる。	・和食から洋食への変化による食品の需要と供給の変化について、資料を関連付けて調べ輸入や食品ロスの問題を捉えていく。
3	・食の安全・安心に対する取組について調べる。	・スーパーマーケットの食品表示や食の安全に関する記事を読み取り、課題と改善に向けた取組を調べていく。 農林水産省：SDGs ×食品産業
4	・食料の安定的な確保の取組を調べ、学習問題を振り返る。	・土地利用の変化のグラフの読み取りから、田畑の減少と住宅地の増加を読み取り、食料自給率向上について考えるようにする。
5	・新しい食料生産の工夫について考える。	・調べてきた各地の取組について共同編集機能を使って情報を共有し、自分の考えを文章にまとめるようにしていく。

第3次と第4次は、取り扱う資料は多いが身近に目にするものもある。網羅的な学習にならないように、具体物を提示したい。例えば、購入した食品を実際に持ってきて表示を読み取らせたり、食品表示を拡大して提示して実物を見せたりすることで学習意欲を引き出していく。また、インターネットを用いて調べた後で、共同編集や共有フォルダを使って学習の成果を集める協働的な学びも有効である。

③ 我が国の工業生産

価値判断・意思決定し、よりよい未来を創る

本物と出会い、調べて考え、価値判断し続け、「豊かさ」を問う

執筆者：安野雄一

❶ 特徴―単元を貫いて価値判断し続ける学習構成―

（1）工業生産に関わる単元学習でベースとなる目標と学習のイメージ

　本単元の学びの目標は、以下のように整理することができます。

・工業の種類、工業の盛んな地域の分布、工業製品の改良などについて、地図帳や地球儀、各種資料で調べて、必要な情報を集め、読み取り、工業製品は国民生活の向上に重要な役割を果たしていることを理解している。

・過去・現在の工業の種類、工業の盛んな地域の分布、工業製品の改良などに着目して問いを見いだし、工業生産の在り方について考え、価値判断し、表現している。

・意欲的に学習に取り組むとともに、単元を見通したり、振り返ったりして学習を調整しようとしたり、学習したことを基に生活の在り方やよりよい未来の創造に向けて考えようとしている。

　以上を踏まえ、日本における工業生産について学びを紡いでいくことになります。そこで我が国における工業生産の時代背景を指導することをおすすめします。

　我が国の工業生産額は1935年には150億円でしたが、2019（令和元）年には322兆円にも上っています（「2020年工業統計調査」）。この間には戦争を経験し、戦後復興、高度経済成長期、バブル崩壊、リーマンショック、そしてコロナ禍と、様々な時代をくぐり抜ける中で、その工業生産の様子も変化してきています。過去・現在の工業生産や流通と私たちの暮らしとの関係について対象を俯瞰して見つめながら考え、価値判断し、よりよい未来の創造に向けてどのように子どもたちが社会と関わっていく機会をもつかが大切です。

（2）「本物」との出会いから「事実」をつかみ、「豊かさ」を問い続ける

　教科書会社各社とも、日本における工業全般の様子を捉えた上で、自動車工業を中心として工業生産について学び、流通、貿易、環境問題などへとつなげて社会を見ていく構造となっています。これらの学びは小学校3年生で社会科の学習が始まった時と比べて抽象度が増し、子どもたち自身から離れた位置にある対象と向き合っていくことになります。子どもたちがより対象を身近に感じ、自分事として捉えながら学習を進めていくにあたって、「本物」との出会いは重要であると考えられます。その「本物」との出会いを通してその営み（事実）を知り、多面的・多角的に対象を追究していくことを通して、よりよい未来の「そうぞう」に向けて考え続けいくようにしたいものです。

（3）「経済」「SDGs」「持続可能な社会」等をキーワードに「豊かさ」を問う

　例えば東京書籍の教科書では、我が国の工業生産全体について、工業生産額（全体・種類別）の推移や大工場と中小工場の割合、工業地帯・地域別の工業の様子などが取り上げられています。その上で自動車工業について、自動車の普及率や生産台数の推移、生産過程と工夫、関連工場と自動車工場のつながり、輸送・貿易・現地生産・販売、全

SDGs CLUB
（日本ユニセフ協会）

体にかかるコストなどについて触れられ、国内での工業生産（伝統的な工業やブランド化、中小企業のつながりと高度な技術、未来への課題）へと、未来の在り方につながっていくように構成されています。新学習指導要領では、「選択・判断」というキーワードがクローズアップされている点を意識しながら、単元を貫く課題を設定して、「豊かさ」などを問い続けるように仕向けていくことも大切にしたいです。そして、選択・判断したこと・学んだことを基に、社会への働きかけにどのようにつなげていくかを模索していきたいものです。

❷ 資料の作り方

（1）地形や気候、交通などと関連付けて作る、子どもたちお手製の地図

　子どもたち自身の力で調べて、「なぜこのような立地になっているのか」などと考え、「これからは……」と未来を見据えていくようにするためには、まず日本における工業の現状を大まかに捉えておく必要があります。その際に有効な手段の一つとして挙げられるのが、子どもたち一人一人が地図帳や教科書を基に、白地図に工業地帯・地域や工業製品の種類などの情報をちりばめた地図を作成することです。その際、生活経験や既習事項である地形や気候、交通などと関連付けて考え、表現していくようにします。この表現した子どもたちお手製の地図を基に、子どもたち同士で対話的に学んでいくことで、深い学びへとつながっていくのです。また、作成した地図を教室内に掲示し、いつでもそれを使って学習できるようにしておくことで、以降の自動車工業や伝統的な工業などの学習においても継続して使えるものとなり、子どもたちの学びに対する意欲は高まり、自然と学びを紡いでいくことにつながることでしょう。

（2）ミクロな視点、マクロな視点で社会を見つめる

　俯瞰して輸送・販売・貿易といったモノづくりの周辺の事象も含めて日本の工業全体を見つめつつ、一つ一つの事象をミクロな視点でも見ていき、「なぜ」を追究していくことで、既習事項の農業の学習なども含めて、事実追究が進んでいくことになります。その中で同時に意味追究も進んでいき、未来に向けて思考していく視点がそろっていきます。重要なのは、各授業における学びを何度も何度も引き出し、結び付けながら考えていくということです。そうすることで、しっかりとした事実認識の上で、社会事象について考え、価値判断していく素地ができるのです。

（3）マクロな視点で日本の工業と関連事象の全体を捉える

　東京書籍や日本文教出版の社会科教科書では、まず第１次においてはマクロな視点で、日本の工業全体の様子をグラフや日本地図、航空写真等の資料を用いて学ぶようになっています。その後、第２次ではミクロな視点で、日本の基幹産業の一つである自動車工業を取り上げ、製鉄業や製油業などの関連産業にも目を向けています。その上で第３次では再度マクロな視点で、日本全体に視野を広げながら輸送と貿易、日本の工業の特色と課題、そして未来へと視野を広げていくように構成されています。第４学年までの学習で基本的にミクロな視点（狭く、具体的な事象）で対象を見てきているため、このマクロな視点（広く、抽象的な事象）で対象を見つめていくということや各産業のつながりを捉えることが難しいといった子どももいることを想定し、学習を通して、マクロな視点で物事を見て考える力をつけていけるようにしたいものです。

（4）ミクロな視点で各産業の様子を捉える

　東京書籍や日本文教出版の社会科教科書では第２次において、日本の自動車工業について取り上げています。ここではミクロな視点で自動車工場を見ていき、日本の工業のごく一部を学ぶことになります。ここではまず自動車工場などが学校の近辺にあれば、ぜひ社会見学も計画に入れて、その実際の「ヒト」や「モノ」に触れながら学べるようにしたいです。しかし、そもそも近辺に自動車工場がない場合もありますし、昨今のコロナ禍において社会見学を実施できないケースもあります。そこで活躍するのがICTの活用です。いろいろな手を尽くして、実際の「ヒト」「モノ」に触れながら見て考え、価値判断し学べるようにしたいです。

（5）「ヒト」や「モノ」、「カネ」のつながりの視点を変えてみる

　本単元では自動車工場の見学に目が行きがちですが、こだわる必要はありません。地域のディーラーや中小工場の方々との出会いから学ぶというのもよいです。むしろその方が、「経済的視点」も浮き彫りになるなど、子どもたちの学びに深みを与えてくれます。視点を変えて、実際の「ヒト」や「モノ」との出会いを計画していくことで、学びの可能性も広げることができるのです。

❸ ICT 活用のポイント

　工業生産を取り扱う単元では、「ヒト」や「モノ」といった「具体」とどう触れ合いながら社会事象を捉えていくかということが重要であると言えます。これは他の単元学習においても同じです。また、自己や他者、資料・教材との「対話」を通して「主体的・対話的で深い学び」に自然と向かっていくような授業・空間づくりをしていきたいものです。そこで、ICT をどう活用していけばよいのか、その例を示していきます。

(1) 子どもたちの調べ学習や資料作成への ICT 活用

　地図帳や資料集などを使って調べ学習をすることもあるかと思います。検索エンジンを利用して資料を探すこともできますが、やはり、少しでも「実際」に触れられるようにしたいところです。そこで子どもたち自身で活用できる Google Earth などが考えられます。各地域や取り扱う工場などを上空から俯瞰したり、ズームアップして見たり、角度を変えて見たりすることで、そのスケールに触れ

つつ、「どこでどのように生産されているのだろう」「なぜこのような立地になっているのだろう」などと疑問を生み出しながら学び続けていくことができます。またこの見取りを受けて資料作成に活用することもできます。普段は見られない角度から実際の姿を捉えられるアプリの活用はおすすめです。

Google Earth を活用して作成した資料の例

(2) 実際の「ヒト」や「モノ」との出会いを演出する ICT 活用

　社会見学に行ける範囲に自動車工場など対象とするものがないとき、効果を発揮するのが ICT を活用した社会見学やインタビューです。以前とは違って、Google Meet や Microsoft Teams など、オンラインでリアルタイムに現地とつ

ないで現地で働く人との出会いから対象について学ぶことができる時代です。東京書籍や日本文教出版など各社はリモート社会見学を行っており、それらを利用して工場の様子を学ぶことができます。また、それが難しい場合は下記のサイトで、子どもたちが一人一台端末を利用して、教室にいながらそれぞれが目的意識をもってバーチャル工場見学に出かけることもできます。

日産自動車　　本田技研工業　　三菱自動車　　SUBARU

（3）子どもたちの見取り

Google Forms などのアンケート機能を活用することで、簡単に子どもたちの価値判断の様子や思考状況を見取ることができます。振り返りシートなどに子どもたちが記入したものを Excel などで座席表などに整理し直していた時代と比べ、比較的簡単で、持続可能な形で子どもたちの学びをポートフォリオとして残していくことができます。

Google Forms を活用した振り返りシートの例

（4）主体的・対話的で深い学びへいざなう ICT 活用

各自治体で Google Classroom や Microsoft Teams などが利用可能となっていますが、例えば Google スライドや Jamboard といったアプリを使用すれば、子どもたちによる同時編集が可能となり、協働して考えをまとめたり、プレゼンテーションをしたりし、教員はパフォーマンス評価をすることもできます。

❹ 単元の展開例

（1）単元の展開〈22時間扱い〉

○単元のめあてづくり〈1時間〉

第1次　くらしを支える工業生産〈4時間〉

第2次　自動車をつくる工業〈7時間〉

第3次　工業生産を支える輸送と貿易〈5時間〉

第4次　これからの工業生産とわたしたち〈5時間〉

（2）各時の展開例

○オリエンテーション〈1時間〉

時	主な学習内容	指導上の留意点
1	・身の回りの工業製品について気付いたことを話し合い、生活経験や既習事項を基に、生活との関わりを考える。	・生活経験や既習事項を基に、身の回りの工業製品を出し合い、私たちの生活とどう関わっているか考え、グループで聴き合うようにする。 ・工業生産について疑問を出し合い、単元全体の学習計画を立てる。 **日本の工業生産額の推移** 古い順に工業生産額を予想しながらブラインドを外していく。

第1次　くらしを支える工業生産〈4時間〉

時	主な学習内容	指導上の留意点
1	・身の回りの工業製品は、主にどこで生産されているのか調べ、白地図にまとめる。	・地図帳やICTを活用し、子どもたちが想起した工業製品の生産が盛んな地域や工業地帯・工業地域などを調べられるようにする。 ・Google Earthなどで調べた地域やその周辺の様子を観察するようにすると、交通や立地などを結び付けて考える土台となる。

時	主な学習内容	指導上の留意点
2	・日本の工業地帯・工業地域とそれぞれの工業生産額の状況を調べ、工業生産の特色について考える。	・グラフ資料を読み取り、日本全体の工業生産額の推移や各工業地帯・地域の工業生産額内訳を予想しながら、対話を通して学習を進めていくようにする。 ※大工場と中小工場の工場数の割合などは、予想と事実のズレが起きやすい。 工業種類別の工業生産額割合の推移 ■機械工業 ■金属工業 ■化学工業 ■繊維工業 ■食料品工業 ■その他
3	・航空写真などを読み取り、前時の学習と関連付けて、日本における工業生産の特色について考える。	・地図帳や資料集、インターネット（Google Earth 等）を活用して調べ直し、Jamboard 等に用意した白地図にまとめるようにする。 ・白地図にまとめたことを基に、「なぜこのような立地になっているか」等、対話的に概念に迫るようにする。
4	・作成した工業マップを交流し、日本の工業生産の特色について、対話的に思考を深める。	・白地図にまとめたことを交流する際、表現の仕方の工夫だけに目を向けるのではなく、日本の工業生産について交通や流通とも関連付けて、「どのような特色が見られるか」「なぜこのような立地になっているのか」等、対象に目が向けられるようにする。

Point わかる教え方　第1次では、日本の工業生産と私たちの生活にどのような関係があるのかを考え、その歴史の移り変わりから学習を始め、工業製品の生産をより身近に感じられるようにしたい。また、資料集や地図帳、書籍を通して調べることに付け加えて、Google Earth 等を活用することで実際の様子を上空から俯瞰して見られるよう工夫することで、よりリアルに日本における工業生産の特色に迫ることができる。

第2次　自動車をつくる工業〈7時間〉

時	主な学習内容	指導上の留意点
1	・私たちの生活や各産業を支える自動車はどのようにつくられているのか、グラフや地図資料を読み取って考える。	・グラフ資料を一部隠すなど工夫して、自動車の普及率や生産台数の推移について予想し、実際の生活と関連付けながら、自分事として捉えられるようにする。 ・地図資料を読み取り、自動車工場と関連工場の位置関係について考え、グループや学級で予想できるようにする。
2	・グラフ資料などから私たちの生活や産業にとって自動車工業が重要な位置を占めていることを捉え、自動車工場の例からどのように生産されているか予想する。	・算数科の割合の学習と関連付けて、実際の輸送用機械の生産額を算出するようにしてもよい。 ・取り上げる自動車工場を事前に選定し、子どもたち自身でGoogle Earthなどを活用して、自動車工場の様子を観察して考えられるようにし、出てきた疑問をグループや学級で共有できるようにする。
3	・組み立て工場でどのように自動車が生産されているのか調べ、その工夫について考える。	・教科書とともに、ICTを有効に活用し、前述のサイト等を利用してバーチャル工場見学を通して、生産の様子を調べるようにする。 ・Google Jamboardなどに白地図を用意しておき、調べたことを整理できるようにする。
4	・図や写真・動画資料から自動車工場と関連工場の関係を捉え、その利点について考える。 なぜ自動車工場で部品から作らないの？	・自動車工場と関連工場の位置関係を捉え、どこで部品がつくられ、自動車が組み立てられているのか予想できるようにする。 ・図や動画から自動車工場と関連工場の関係性を読み取り、「自然災害などが起こった際に懸念されること」等を考えるようにする。

時	主な学習内容	指導上の留意点
5	・図や写真資料から、生産された自動車がどのように消費者に届くのか調べる。	・図や写真から、自動車の輸送について捉えられるようにする。 ・貿易に絡めて、産業の保護と現地生産の関係について、グループや学級で対話を通して考え、その価値を吟味するようにする。
6	・消費者のニーズに合った自動車づくりについて調べて考える。 消費者はどんなニーズをもっていそう？	・ICTを活用して、自動車会社各社の自動車づくりについて調べて共有し、SDGsや環境、福祉、事故防止などの観点を引き出す。 トヨタ自動車HP
7	・自動車工業について振り返り、未来の自動車工業や私たち消費者の在り方について考え、表現する。	・新聞づくりやICTを活用した同時編集作業によるプレゼンテーション作成とその発表により、自動車工業のよさやこれからの在り方について考えを深めるようにする。 ・交流の際は、表現の仕方だけでなく、対象に目を向け、意見交流できるようにする。

第3次 　工業生産を支える輸送と貿易〈5時間〉

時	主な学習内容	指導上の留意点
1	・工業製品の種類や量、輸送場所によって、どのような交通手段で各地に輸送されているか調べて考える。	・教科書で取り扱われる地域や日本全体の地図に合わせて、Google Earth等を活用することで、工業地帯・地域や港、交通の様子を関連付けて考えられるようにする。 ・輸送コスト等、経済的視点と輸送手段を関連付けて考えるようにする。

わかる教え方 Point	第2次では、自動車工業の実際を捉え、その工程や工夫について調べ、その意味について考えていくことになるため、できる限り実際の製造の様子を見学したり、オンラインで工場の方とつないだり、バーチャル工場見学をしたりするなどして、実際の「ヒト」や「モノ」に触れながら考えていくようにしたい。また、経済的視点も踏まえて見ていくことで、よりリアルな社会を学ぶことにつながる。

時	主な学習内容	指導上の留意点
2	・グラフや地図資料を読み取り、輸入の現状について調べ、特色について考える。	・エネルギー資源や原料となる資源の自給率を示すグラフや地図資料などについては、数値等について予想してから読み取るようにし、国内産業（保護）との関係性も考えるようにする。
3	・グラフや地図資料を読み取り、輸出の現状について調べ、特色について考える。	・主な輸出品の割合を示すグラフや地図資料などについては、数値等について予想してから読み取るようにし、輸出の現状と比較し、貿易摩擦など国際関係も踏まえて特色について考えるようにする。
4	・原料となる資源の多くを輸入している日本では、どのような取組が進んでいるのか調べ、その価値について考える。	・発電やエネルギー資源等の採掘等、ICTや資料集、地図帳を活用して調べるようにする。 ・国際関係や環境問題、持続可能性と私たちの生活等と多面的に見つめ、その価値について対話的に考えられるようにする。
5	・輸送・貿易について振り返り、未来の輸送・貿易や消費者の在り方について考え、表現する。	・レポート作成やICTを活用したGoogleスライド等の同時編集作業によるプレゼンテーション作成、その発表とそれに対する討論により、輸送・貿易の状況やこれからの在り方について考えを深めるようにする。

第4次　これからの工業生産とわたしたち〈5時間〉

時	主な学習内容	指導上の留意点
1	・グラフや写真、地図資料を読み取り、中小工場を中心に工業生産の特色について考える。	・教科書や資料集、地図帳に加え、ICTも活用して調べ、各地域の工業生産の様子や宇宙産業、各地に残る伝統工業など、中小工場の高い技術力にも目を向けるようにする。

時	主な学習内容	指導上の留意点
2	・高い技術力を誇る中小工場の工業生産について調べ、工場間のつながりの意味を考える。	・社会見学やオンラインで中小工場・企業の方とつないで工業生産の実際について学ぶことも視野に入れたい。 ・各中小工場の専門的で高度な技術とそれらのつながりについて捉え、なぜ協力しているのかを考えるようにする。
3	・日本の工業生産と生活を見つめ直し、課題を見出し、未来の在り方について考える。	・日本の貿易と高度技術の輸出、海外での現地生産、国内への安価な製品の輸入、産業の空洞化と労働の課題、環境問題、SDGs などを関連付けて、対話を通して、多面的に深く思考するようにする。
4	・日本の工業生産と輸送・貿易等について振り返り、未来の工業生産や消費者の在り方を考え、表現する。	・レポート作成や ICT を活用した同時編集作業によるプレゼンテーション作成、その発表とそれに対する討論により、輸送・貿易の状況やこれからの在り方について考えを深めるようにする。 工業生産や輸送・貿易、私たち消費者はこれから先、どうしていったらいいかな？
5	・単元全体を見つめ直し、日本の工業生産と輸送・貿易等の未来の在り方について考える。	・子どもたち一人一人やグループで作成したレポートやプレゼンテーションの交流と、それらを基にした討論により、未来の在り方を考えるようにする。 工業生産や輸送・貿易は世の中を豊かにしている？ 多面的に見て、未来はどうあるべきなのかな？

第3・4次では、工業生産の前後の原料や製品の輸送・貿易について、交通事情や経済的視点、労働、環境問題、SDGs などと関連付けて考え、対話を通して何度も情報を引き出し合うことで、社会のつながりの一部がだんだんわかっていくようにしたい。また、ICT を活用した現地とのリモート授業などで、「ヒト」や「モノ」との出会いを通して、工業生産を少しでも身近に感じながら学べるよう工夫したい。

④ 我が国の産業と情報との関わり

目に見えない情報を実感する学び

豊かな生活の裏側を捉える

執筆者：樋渡剛志

❶ 特徴─ 子どもが情報を引き寄せる学習構成 ─

（1）豊かな生活の裏側とは？

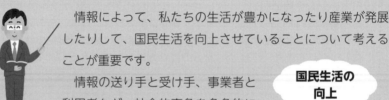

情報によって、私たちの生活が豊かになったり産業が発展したりして、国民生活を向上させていることについて考えることが重要です。

情報の送り手と受け手、事業者と利用者など、社会的事象を多角的に捉え、それらを関連付けて考える力を育んでいくことが大切になります。

情報化されていることが当たり前になっているので、その当たり前を揺さぶり、よくわかっていないことを浮き彫りにする必要があります。

国民生活の向上

概念

具体

遠隔医療　天気情報
テレビ　位置情報　顧客情報

（2）知っているようで知らないことを浮き彫りに

　情報は、ありとあらゆる場所に存在し、いつでもどこでも手に入れることができるようになりました。目に見えないところで情報が行き交い、私たちの目の前に映像や画像、文章として現れることがあります。

　子どもたちにとってニュースやインターネットなどの情報は、あまりにも当たり前すぎて、「いつ」「誰が」「どこで」「何を」「どのように」して私たちの手に届いているかについてまでは意識できていないことがあります。

そこを揺さぶり、当たり前のように近くにあったはずの情報と子どもの距離を遠ざけるようにします。そうすることで、「知りたい」「調べたい」という思いを引き出し、追究に向かうことができると考えるのです。

（3）体験活動を通して情報化による価値を実感的に学ぶ

　子どもたちは情報化が当たり前の社会で生きています。そのため、情報化されていない社会をよく知りません。そこで、情報化による価値をより実感的に捉えるために、あえてアナログな体験をする場を構成しました。時刻表を活用して指定された場所と時刻にたどり着くように調べる活動を仕組むのです。すると、乗り換えが必要だったため、所要時間や運賃、時刻表が更に必要になるなど、調べることの大変さが浮き彫りになりました。

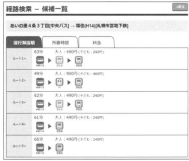

　その後、情報化された社会を体験する場を設けました。出発地点と到着地点を入力するだけで、所要時間や料金などがすぐに調べられたのです。このような活動を仕組むことによって、子どもに比較する対象をつくることができます。そうすることで、子どもは情報化の価値を実感できるようになると考えました。

（4）授業と授業の合間に学びを構成する

　前述したようなアナログな体験と相乗効果をもたらすものに、実際に使っている人たちの体験談を聞くことが挙げられます。

　保護者にインタビューをしてくる活動を仕組むこともできます。例えば、家庭学習などで「お家の人の話を聞いた」という子を意図的に取り上げることなどが考えられます。大いに褒めることで、自主的にインタビューしてくる子を増やすことができるのです。

❷ 資料の作り方

（1）ブラックボックス化

　子どもたちに調べさせたい部分を見せないようにすることで、「調べたい」という思いを引き出すようにします。

　最初と最後だけを提示することで、ブラックボックス（制作の過程）を調べたくなる思いを引き出すことができます。教科書に使われている写真資料を活用することもできるのです。

（2）既習とずらす

　単元を追究していくと、放送局の人々は「現場の取材」「現場の情報」「自分たちで情報を集める」などが重要であることを積み上げていきます。このように積み上げてきた既習に、放送局の人々は「視聴者からの情報や映像の提供を呼び掛けている」という事実を提示することで認知的不協和を生み、子どもが追究していきたくなる思いを引き出すことができると考えるのです。

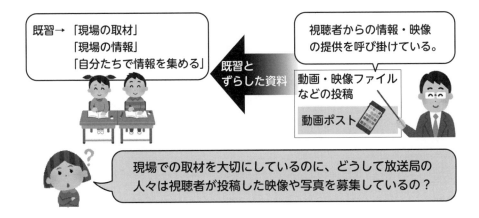

既習→「現場の取材」
　　　「現場の情報」
　　　「自分たちで情報を集める」

既習と
ずらした資料

視聴者からの情報・映像
の提供を呼び掛けている。

動画・映像ファイル
などの投稿

動画ポスト

現場での取材を大切にしているのに、どうして放送局の
人々は視聴者が投稿した映像や写真を募集しているの？

（3）変化を隠す

　下の図1のように、1年ずつグラフを提示したとき、その先を子どもたちはどのように予想するでしょうか。「このまま減っていくと思う」「車に乗る人が増えているから…」「でも、車に乗れない人もいるから…」などと考えられます。

　1年ずつ提示することで、子どもから予想を引き出し対話を生んだり、「〜していくだろう」と子どもが推測したりできる隙間をつくることができます。

　予想を十分に引き出した後、グラフを全て提示します（図2）。すると、隠した先のグラフが、大きく変化はしていないことに気付いていくのです。子どもたちは、予想したことと結果が違う場合、「何があったのだろう」と追究していきたくなると考えます。

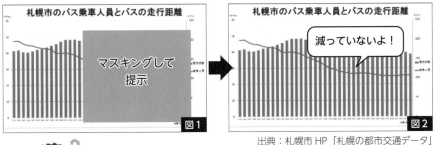

図1　札幌市のバス乗車人員とバスの走行距離　マスキングして提示

図2　札幌市のバス乗車人員とバスの走行距離　減っていないよ！

出典：札幌市 HP「札幌の都市交通データ」

乗車人数が減ると思っていたのに、
どうして減っていないのかな？　何か工夫しているのかな？

❸ ICT 活用のポイント

「学びの個性化」と「協働的な学び」をつなぐ道具の一つとして ICT を活用します。「同じこと思ったよ」「自分にはなかった視点だな」「どうしてそこから追究するの」などのような姿を子どもたちから引き出していきます。

（1）情報の収集

調べ学習や考えをつくる際に、追究していこうとするキーワードをオクリンクやスクールタクト、Google Workspace 等を活用し、学級全体で共有する場を構成します（図3）。ここでは手立てとして、

図3　Google フォームとスプレッドシートを活用

あえてキーワードのみを共有することにしました。追究していきたい理由や調べたことの全てを共有すると、読んでしまえばわかってしまうからです。そうすると、他者に働きかけ協働的に学ぼうとする姿を引き出しにくくなると考えました。そこで、キーワードのみを共有することで、学びの個性化を保証しつつ、追究の方向性を明確にする思考力や他者に働きかけたくなる姿をより引き出せると考えました。また、他者のキーワードが追究のヒントや多角的・多面的に捉えるきっかけにもなるのです。

（2）情報の分析と話し合い

情報を収集する際に、コメント機能を活用できるようにして設定します。そうすることで、他者の追究の視点が自分に必要かどうかを分析することができます。また、コメントで質問することで、追究の視点を明確にしたり、増やしたりすることができると考えました。

コメント機能には、情報を分析するだけの効果ではありません。コメントで話し合いが進んでいることもあるのです。発言が得意な子どもたちは、他者の情報を得た段階で、直接、聞きに行くこともあります。発言があまり得意ではない子

たちは、コメント機能をうまく使い、知りたいことを聞いたり、新たな情報を得たりすることができるのです（図4）。

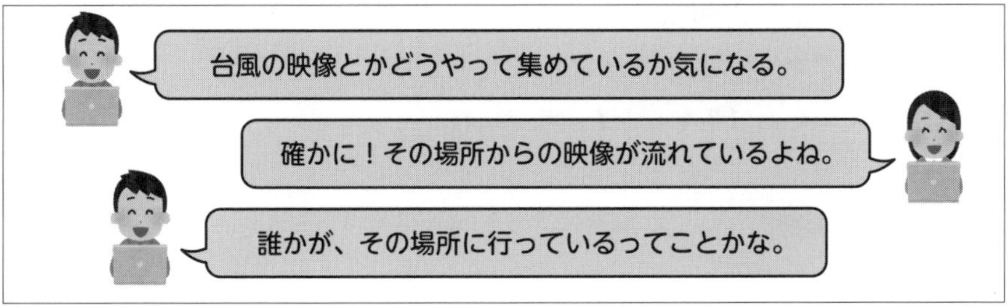

台風の映像とかどうやって集めているか気になる。

確かに！その場所からの映像が流れているよね。

誰かが、その場所に行っているってことかな。

図4　コメント機能による話し合い

（3）情報の整理と振り返り

　ICT 機器を活用することで、インターネットを介して素早く簡単に情報を手に入れることができるようになりました。一方で、手に入れた情報の真偽を確かめずに鵜呑みにしてしまったり、不適切な使い方がされたりしていることも耳にするようになりました。

　子どもたちの得た情報が、正しいのかどうかを判断させたり、判断の材料になるポイントを子どもたちと一緒に考えたりしていく必要があります。文章だけの交流だと感情が伝わりにくい点などについても教え込むのではなく、子どもとともに考え、自ら判断し行動できるようにしていくことが大切です。

　このような学びを積み重ねることで、本当に正しいかどうか批判的に捉える能力であるメディアリテラシーを高めたり、どのような情報を発信するとよいかなどの行動の善悪を自分で判断できるデジタルシティズンシップの形成につなげたりすることが重要だと考えます。

得ダネ

「タイピング」より「手書き」の方が学習効率がよい!?
プリンストン大学の Pam Mueller 氏と Daniel Oppenheimer 氏らの実験により、手書きの方が概念的情報をより長く記憶できることが明らかになっている。
ICT と手書きのどちらのよさも活用することが学習効果を高めることになり、これからの学びに必要なことなのでしょう。

❹ 単元の展開例

（1）単元の展開〈12時間扱い〉

第1次　情報を伝える人々とわたしたち〈6時間〉

第2次　くらしと産業を変える情報通信技術〈6時間〉

（2）各時の展開例

第1次　情報を伝える人々とわたしたち〈6時間〉

時	主な学習内容	指導上の留意点
1	・天気予報などの情報をどのメディアから得るかを引き出す。 ・一番多く使っているメディアを浮き彫りにする。	・新聞、テレビ、インターネット、電話、携帯電話、ラジオなどのメディアを引き出す。 ・多くの場合、テレビから情報を得ていることが最大になると予想される。
	【学習問題】放送局は、天気予報など番組で流す情報をどのように集め、どのように放送しているの？	
2	・「情報収集の仕方」と「情報発信の仕方」に着目して、放送局の人々の仕事を調べる計画を立てる。	ICT活用 ・単元の学習問題を解決するために、追究していこうとしているキーワードを共有する場面を構成する（オクリンクやスクールタクト、Googleスプレッドシートなどを活用することができる）。 当たり前を揺さぶる ・「映像はどのように手に入れているのか」など、当たり前に流れているニュースの情報がどのように集め伝えられているのかに着目できるよう揺さぶる。
	【学習問題】ニュースはどのような流れで作られているのかな？	

情報収集→情報選択・編集→情報発信

取材	私たち	どう選んでいるの？
・記者 ・カメラマン	・専門家に ・現場に	

3	・放送局の人々がどのような思いで番組を制作しているか多様な立場で調べる。	ICT活用 ・Classroomなどに、リンクやQRコードを張り付けておく。何から情報を得るかを選択・判断する力を育む。	 学習動画サイト

【学習問題】放送局の人たちは、どのようなことに気を付けて番組を作っているのかを調べよう。

編集者	アナウンサー
・放送する順番 ・生放送 ・正確な情報を	・わかりやすく ・正確に ・繰り返し練習

4	・放送局の人々がどのように情報を選び番組を制作しているか調べる。	ICT活用 ・番組の途中にテロップが流れたり、番組が変わったりした画像や動画を提示する。 　地震速報　　緊急速報

【学習問題】放送局の人たちは、どのように情報を選択しているのか調べよう。

放送局	私たち
・緊急性のあるもの ・国民全体に関わるもの	・命に関わるもの

時	主な学習内容	指導上の留意点
5	・放送局の人々が、番組を制作する際の工夫や努力について考える。	既習とのずれを生む ・放送局が視聴者から情報や映像を募っている事象を提示する。 <div align="right">放送局の投稿募集サイト</div>

【学習問題】現場での取材を大切にしているのに、どうして放送局の人々は視聴者が投稿した映像や写真を募集するの？

早く	伝わりやすく
・行けないときも ・行くまでに時間がかかる	・リアルタイムで使えるときも ・正確な情報か確認して

時	主な学習内容	指導上の留意点
6	・情報が視聴者に届くまでの流れをまとめる。	ICT 活用 ・Google スライドなどを用いて、4コマで学習したことをまとめる。

【学習問題】放送局が情報を届けるまでの働きをまとめよう。

（イラストと文章を用いてまとめると、わかりやすい。）

取材　選択　編集　放送

わかる教え方 Point

テレビをつければ、当たり前に、しかも、簡単に情報を手に入れることができる。その子どもの「当たり前」を揺さぶることがとても重要だと考える。

なぜなら、当たり前に簡単に手に入れることができる情報の裏に、たくさんの人の工夫や努力が隠れているからである。私たちの生活が豊かになっていることを、たくさんの人の働きによって成り立っていることを、実感できるようにしていく。

第2次　くらしと産業を変える情報通信技術〈6時間〉

時	主な学習内容	指導上の留意点
1	・「札幌市のバス乗車人員とバスの走行距離」のグラフを読み取る。 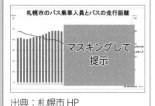 出典：札幌市HP 「札幌の都市交通データ」	一つずつ提示し、対話をする隙間をつくる ・1年ごとにグラフを提示し、「この後どうなっていくか」と予想させ、一人一人が判断する場をつくる。 ・子どもたちは、自分の予想と結果を比べながら資料を読み取っていく。あえて一つずつ提示し対話をする隙間をつくる。この対話から一人一人の小さな問いを引き出し、学習問題をつくる。
	【学習問題】バス事業者は、どのような情報を活用して、乗車人数を維持させているのだろう？	
2	・「バスサービスで重要と思うこと」のグラフを読み取る。	比較から問いを生む ・違う年のアンケートを提示する。子どもたちはどちらにも「運行情報」に関する要望が上位を占めることを読み取っていく。
	【学習問題】運行情報って何だろう？　どんなところにあるのかな？	
	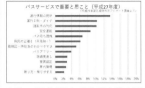 出典：平成27年度札幌市第1回市民アンケート調査	ICT活用ポイント ・どんなところで運行情報に触れたのか思いついたものをGoogleフォームとGoogleスプレッドシートを活用し、全員で共有する場を構成する。 　電光掲示板　　ICカード 　経路調べ　　あと何分か　　料金情報

時	主な学習内容	指導上の留意点
3	・ICカードが導入された理由について調べる（切符の情報化）。	比較から問いを生む ・切符とICカードを提示し、比較する場を構成する。そうすることで、切符とICカードの違いを浮き彫りにする。

【学習問題】切符があるのに、どうしてICカードを取り入れたの？

環境	速さ
・繰り返し使える 　→ごみ0（ゼロ） ・CO_2削減	・「ピッ」とするだけ ・オートチャージ

面白ネタ　**交通のIC化と硬貨預金の手数料は違う？**
前者は便利さや業務の効率化に、後者はセキュリティや信頼性に手数料を払っていると言えそうである。

時	主な学習内容	指導上の留意点
4	・札幌駅バスナビなど、公共交通案内システムを導入している理由を調べる（時刻表などの情報化）。	ICT活用 ・実際に、検索して使う活動を取り入れる。乗換案内など、インターネットを通じて使える機能を体験することが考えられる。 検索サイト

【学習問題】紙の時刻表があるのに、どうして公共交通案内システムを取り入れたの？

事業者	市民
・ニーズを生かして、利用者を増やす	・手軽に調べられる（時間・料金等）

時	主な学習内容	指導上の留意点
5		ICT活用 ・使える範囲が、だんだんと広がっていることが視覚的に捉えられるように、プレゼンテーションソフトで提示する。

【学習問題】今でも便利なのに、どうしてバスロケーションシステムを取り入れたの？

・バスロケーションシステムを導入したことのよさを考える（位置の情報化）。	**どこでも** ・家でも ・駅でも / **誰でも** ・携帯 ・スマホ / **いつでも** ・待ち時間 ・買い物中

時	主な学習内容	指導上の留意点
6	・情報通信技術を活用するよさと課題を新聞にまとめる。	生活経験とのずれを生む ・札幌市のバス路線の収支構成比を子どもたちに提示する。その上で、新聞にまとめるように促す。 赤字 黒字

【学習問題】交通における情報通信技術の活用によるよさと課題をまとめよう。

よさ ・便利に多くの人が使いやすく　　**課題** ・便利でも利用者が増えないと…

 情報化によって、産業の発展や国民生活が豊かになっているという概念的知識を獲得する必要がある。情報通信技術の活用により、発展する産業は地域によって様々ある。地域の特色に合わせ、販売、運輸、観光、医療、福祉等を選択し、学ぶことができる。バスのない都道府県はない。少子高齢社会といわれる今の日本。交通を扱うことで、これからの日本の在り方を考えるきっかけにすることができる。札幌市では、交通環境学習の学習プログラムを開発し、副読本も公開している（右QR参照）。

⑤ 我が国の国土の自然環境と 国民生活との関連

国土保全の取組から、社会問題に目を向け選択・判断する学習

小単元末にリアルな社会問題を扱い、教室を超えた学びを創出する

執筆者：川向雄大

❶ 特徴── 学習したことと現実社会とをリンクさせる学習構成 ──

（1）教材づくりのポイント

　「社会科は何のために学習するのですか？」と聞かれたら、みなさんはどのように答えますか。社会科は、「公民としての資質・能力」を育む教科とされています。その言葉を私たち教師がどのように捉えているのかを自覚する必要があるでしょう。私は、社会科の学習を通して目指す子どもの姿として、現実社会の事実を知りながら、その中における問題にも目を向けて、それに対して社会全体として何がよりよいのか、一人の主権者として判断をする力を育みたいと考えています。そのために、人々が願い、工夫や努力をしている中でも、うまく機能していない社会の仕組みについても考える場面を設定するようにしています。

（2）社会のリアルな問題を小単元末に設定する

　本単元では、我が国の国土の保全について、全国各地の具体的な事例を基に学習します。そこで、小単元の終末に、現実社会で起こっている問題を事例として取り上げ、学習したことを活用し、社会問題に対して自分の考えを表現する場を設定します。具体的には、第1次では「巨大防潮堤の建設問題」です。第2次では「森林環境譲与税問題」です。第3次では「河川コンクリート護岸問題」です。現実社会で起こっている問題を小単元末の課題と設定することで、学習したことがどれだけ活用できているかを評価として見取ることもできます。

（3）課題を再度問うことで、子どもの思考の変化を捉える

　現実社会で起こっている問題を扱うにあたって、子どもたちに「学習する前」と「学習した後」で立場を決めさせることが有効です。理由は2点あります。第一に、学習での子どもの思考の変化を見取ることができることです。例えば、賛成・反対を問うような価値判断を迫る場面において「初めは賛成だったけど、Aさんの〇〇という意見で反対に変わりました」などと子どもの考えの自己調整が浮き彫りになります。第二に、社会のリアルな問題はトレードオフの関係になっていることが多いためです。「どっちもいいね」ではなく、立場を決めて調べることで、自分とは異なる考えの人に伝えたいという目的意識も生まれます。

（4）授業外でも社会とつながるように

　本単元にかかわらず、授業外でも社会とつながる場を設定することが大切です。例えば、朝の会などで今日のニュースを紹介する時間を設けることもできます。具体的に示せば、私は、毎朝、新聞の切り抜きを掲示し、子どもたちにその問題について問うことをしています。記事を選ぶ基準としては、子どもたちにとって身近なテーマであるかという視点も大切にしていますが、そのときの社会科の学習内容と関連する内容を選んでいます。学習したことが教室内だけにとどまらず、教室を超えた学びを創出したいものです。

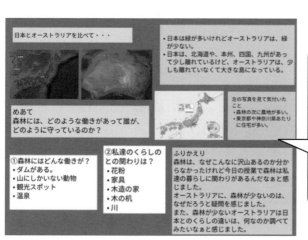

図1　児童がロイロノートでまとめた例

❷ 資料の作り方

（1）「津波対策として、巨大防潮堤を造ることに賛成か？　反対か?」の場合

　　第1次の小単元末では、東日本大震災で津波被害に遭った被災地において、巨大防潮堤が造られていることをテーマにします。現在、国が巨額の予算を投じ、防潮堤の建設が進められています。一方で、防潮堤の建設に反対する声もあります。そのような事実から、防潮堤の建設は津波災害を防ぐのかについて問います。そこから、自然災害から暮らしを守るためには、ハード面（公助）も大切ですが、地域での防災意識や避難訓練などの取組である共助、自助の大切さについて考えさせます。

　　ここでは、防潮堤建設に対する反対意見を紹介します。

・防潮堤が邪魔して津波が来ても陸側から見えず、かえって危険

・防潮堤が巨大なだけにメンテナンス費用が膨大になる

・景観が損なわれるため、観光地としての価値が下がる

　　なお、以下の文献、サイト・施設が参考になります。

・武内孝夫（2016）『自転車で見た三陸大津波：防潮堤をたどる旅』平凡社

・日本経済新聞社「被災地を追った5年　見えた光と影」

　https://vdata.nikkei.com/prj2/shinsai2016-photo/

　（2022年2月7日最終閲覧）（QRコードA）

QRコードA

・産経フォト「賛否分かつ巨大な壁　海岸に横たわる防潮堤」

　https://www.sankei.com/photo/story/news/171120/sty1711200002-n1.html

　（2022年2月7日最終閲覧）（QRコードB）

・また、岩手県にある「大船渡津波伝承館」の展示はおすすめです。

QRコードB

（2）「お金をかければ日本の森林は守れるだろうか」の場合

　　第2次の小単元末では、森林環境譲与税の使い道に関する問題から、自分たちにできることは何かを考えさせることを目的とします。森林環境譲与税とは、森

林整備や木材利用を促すため、国が市区町村や都道府県に配分する資金です。自治体への配分額は木材消費喚起の観点から、森林面積だけでなく人口を考慮しており、森林資源に乏しい都市部が優遇されています。しかし、使い道が見いだせず、積み立てに回されている現状があるようです。ここでは、森林環境譲与税の配分が多い市区町村と日本の土地利用の地図とを関連付けて考えさせます。

表1 市区町村ごとの森林環境譲与税の配分額（2020年度）

順位	市区町村名	配分類
1	横浜市	3億195万3000円
2	浜松市	2億5786万6000円
3	大阪市	2億3282万4000円
4	田辺市（和歌山県）	2億2464万2000円
5	静岡市	2億1456万6000円

（総務省より）

（3）「河川はコンクリート護岸か自然河岸どちらにすべきだろうか」の場合

　第3次の小単元末では、河川の堤防をコンクリートで強固にするか、自然を保持したままにするのかのメリット・デメリットを考えさせます。ここでは、兵庫県豊岡市を襲った台風23号（2004年）の被害の写真や、コンクリート護岸および自然河岸の空中写真などが資料として有効に使えます。教科書でもこのテーマは扱われています。

❸ ICT 活用のポイント

　社会科において、地図帳、グラフなどの統計資料、写真や映像資料、年表など
の資料を活用し調べることは必要不可欠です。特に本単元では、自然災害や、森
林の様子、過去に起こった公害を事例として扱います。子どもたちにとって身近
な事象ではないので、子どものイメージを視覚的に助けるよう ICT を活用して
いきたいものです。

（1）写真を効果的に提示するコツ（Microsoft PowerPoint を例に）

　私は、社会科授業の導入で、大型テレビにスライドを映しています。社会科は
実物に触れることが求められます。写真やイラストを用いながら、実物を見せた
り、視覚支援をしたりしています。私がよく行う、スライドの使い方を以下で紹
介します。

①いきなり問う

　特に解説などもせず「何か気付くことは？」とだけ問い、写真や資料を提示し
ます。そこから出てくる子どものつぶやきを広げていくことで、社会科の授業が
始められます。

②ちょっとだけ見せる

　「いきなり問う」に加えて、写真・
グラフの見せ方にも一工夫できます。
例えば、写真の一部だけを見せる、一
瞬だけ見せることも有効です。

③人物のセリフ・気持ちを考えさせる

　人物が写る写真を提示し「この人は
何と言っているだろう？」「この人は

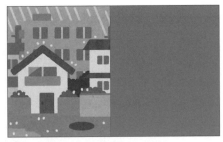

図2　「②ちょっとだけ見せる」の例

この後どうするだろう？」と問うことも有効です。漠然と問うのではなく、具体
的な発問を導入では心がけたいものです。

（2）実際に現地まで行って見学する（Google Map を例に）

　社会科は実物に触れることが求められます。実際に現地へ赴き、リアルな空気を体感することも大切ですが、容易ではありません。しかし、一人一台タブレットを用いて、疑似的に現地まで行くことは簡単です。特に社会科は、地名が多く出てくるので、できるだけ地図上から発見する感覚を豊かにしたいものです。

　第1次では岩手県の防潮堤について扱っています。実際の防潮堤の高さや距離を確認するために、Google Map のストリートビュー機能を用いました。子どもたちに見てほしい地点があれば、URL さえ共有すると、全員が同じ地点に行くことができます。

（3）集まった意見を共有し、異なる立場からの考えを
　　（ロイロノート・スクールを例に）

　子ども同士の意見交流について紹介します。多くの学校が、ロイロノート・スクールのような学習支援ソフトを用いているでしょう。

　例えば、本単元の第1次では、防潮堤建設の是非について考えます。そこでは、予想の段階で自分の考えを書かせます。そして、メリットやデメリットを学習したのちに、再度、防潮堤建設の是非について考え、意見文を書く活動を行います。学習したことや調べたことに加えて、教室にいる自分とは逆の立場の子どもが書いた意見も参考にすることができます。実際に教室で出たそれぞれの考えが、一つの資料となり得るのです。

　また、ロイロノートのシンキングツールを用いながら調べたことを整理させることもよいでしょう。

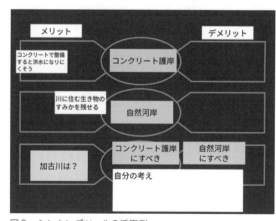

図3　シンキングツールの活用例

❹ 単元の展開例

（1）単元の展開〈18時間扱い〉

第1次　自然災害を防ぐ〈6時間〉

第2次　わたしたちの生活と森林〈6時間〉

第3次　環境を守るわたしたち〈6時間〉

（2）各時の展開例

第1次　自然災害を防ぐ〈6時間〉

時	主な学習内容	指導上の留意点
1	・自然災害について想起し、どこで、どのような自然災害が起きているのかを確認する。 ・疑問を出し合い。学習問題をつくる。	・PowerPointなどで自然災害の様子を提示し、視覚的にイメージできるようにする。 ・日本のどこで、どのような自然災害が起きているのかを地図資料を基に捉えられるようにする。 ・日本は自然災害が多いことや、それに対する対策を想起させ、疑問を出させる。
	【学習問題】自然災害から誰が、どのように私たちの暮らしを守っているのだろうか。	
2	・地震災害の起きる仕組みを確認する。 ・地震災害に備えて、どのような対策を行っているのかを調べさせる。	・日本で地震が多いわけを資料から考えさせる。映像資料も効果的である。 ・調べたことは、シンキングツールなどを用いて「起きる前」「起きた時」「起きた後」に分類させるとよい。 ・様々な対策（公助・共助）がなされている中、被害を「もっと」減らすためには何が大切かを振り返りに書かせる（自助の視点も組み込みたい。次時以降、同様）。

時	主な学習内容	指導上の留意点
3	・大阪市における第二室戸台風と2018年台風21号の被害状況を比較し、風水害の被害とその対策について調べさせる。	・高潮対策で防潮堤や水門が整備されたことにより、被害状況は第二室戸台風よりも抑えられたことを読み取らせる。 ・防潮堤や砂防ダムなど、被害を減らすための取組や対策の意味を捉えさせる。 ・ハザードマップを子どもに配布し（タブレットで）、自分が使うことを想定させる。
4	・火山噴火や大雪の被害を減らすために、どのような対策を行っているのかを調べる。	・火山や豪雪地の位置について、地図帳などでも調べさせ、自分たちの住む市町村との位置関係を捉えさせる。 ・火山噴火や豪雪による被害と、それらによる恩恵を生かして暮らす事例を調べさせる（鹿児島県の桜島など）。
5・6	・東日本大震災における津波被害の広がりを資料から読み取る。 ・津波被害を減らすための取組を調べる。 ・小単元の学習を学習問題に照らしてまとめる。	・津波被害の広がりを、資料から読み取らせる。 津波対策として、巨大防潮堤を造ることに賛成か？　反対か？ ・調べる前に問いを提示し自分の立場を決めさせる。 ・巨大防潮堤建設のメリットとデメリットを調べ、自分の立場を改めて考えさせる。 ・学習問題に照らして、小単元の振り返りを書かせる。

わかる教え方　第1次では小単元末に、「津波対策の防潮堤の是非」について扱う。それは、国や都道府県の取組に対して、学習したことを基に考えさせるためである。必ずしも国や都道府県の取組が絶対的に国民に受け入れられるわけではなく、地域住民との対話によってはじめて防災対策として成り立つものだと捉えさせたいところである。

第2次　わたしたちの生活と森林〈6時間〉

時	主な学習内容	指導上の留意点
1	・日本の森林の広がりについて、確認する。 ・森林の広がりや働きについて疑問を出し合い、学習問題をつくる。	・教室にある木を使った製品について想起させ、身近な存在であることに気付かせる。 ・日本の土地利用の地図や写真から、森林資源の分布に着目して、日本には森林が多いことに気付かせる。 ・天然林と人工林があることに気付かせ、人工林が増えている背景について考えさせる。
	【学習問題】森林にはどのような働きがあり、誰が、どのように森林を守っているのだろうか。	
2	・白神山地の特徴について資料から読み取る。 ・白神山地を事例に、森林の働きや手入れの大切さについて資料を活用して調べる。	・白神山地は天然林で、自然豊かな環境から世界自然遺産に登録されていることを確認する。 ・林道建設のメリット・デメリットを考えることを通して、森林には多くの水分が染み込み、豊かな自然環境をつくりだしているなど、森林資源の働きに着目して森林資源が果たす役割を考えさせる。
3	・林業を営む人々による森林の保全に対する努力や工夫を調べる。 ・林業の抱える課題について調べる。	・苗木を育てて切り出すまでの流れは、映像資料で確認し、長い年月をかけて木を育てていることに気付かせる。 ・グラフから木材の国内生産量と輸入量、林業従事者の数の推移を読み取らせる。農業や水産業の学習と関連付けて考えさせたい。 ・林業の抱える課題によって今後どのような影響が出るのか予想させる。

時	主な学習内容	指導上の留意点
4	・森林の働きにについて資料から読み取る。 ・森林と自分たちの生活とのつながりを調べる。	・森林の働きやその大切さについて、自然環境を保全する働きと、自然災害から生活を守る働きの視点から考えさせる。 ・間伐材マークについて調べ、そのマークに込められた願いを調べ、自分たちの生活とのつながりについてまとめさせる。
5・6	・森林の保全のために森林環境譲与税があることを確認する。 ・税金の配分が多いエリアとその問題点について、資料から読み取る。 ・森林を守っていくために自分たちにできることを考え、表現する。	・これまでの学習を基に、森林の保全に向けてどのような課題があったかを想起させる。 お金をかければ日本の森林を守ることはできるのだろうか？ ・森林環境譲与税について紹介し、日本の土地利用図と関連付けて税金の配分について考えさせる。 ・横浜市や大阪市などの都市部に多いことや、使いきれていないことに気付かせたい。 ・小単元全体の振り返りとして、自分ならどのようにして森林資源を守っていくかを考えさせる。

第2次は、森林の育成や保護に携わる人々の様々な工夫や努力によって、森林が環境や暮らしに果たす役割について学習するものである。小単元末に、「森林譲与税」について扱う。それは、国や都道府県の取組に対して、学習したことを基に考えさせるためである。税金としてお金を集めるだけでは、森林の環境を守ることはできない。配分された税金を特に都市部の地方自治体が森林のために活用できるかがカギとなる。特に、都市部に住んでいる子どもたちにとって森林の保護や育成は、決して身近なものではない。都市部に住んでいるからこそできる森林との関わり方を考えるきっかけとなろう。

第3次　環境を守るわたしたち〈6時間〉

時	主な学習内容	指導上の留意点
1	・鴨川と京都市民の関わりについて調べる。 ・現在と過去の鴨川の変化を調べる。 ・鴨川の変化から疑問を出し合い、学習問題をつくる。	・鴨川の様子を写真で提示し、市民の憩いの場になっていることなどについて、自分たちの住む地域の河川と比較しながら考えさせる。 ・現在と過去の鴨川の写真、BOD値の変化のグラフから、気付いたことをまとめさせる。Jamboardなどを用いて意見を出させるとよい。 ・学習問題に向けての疑問を共有しながら、適宜予想させる。
	【学習問題】誰が、どのように鴨川を美しい川にしているのか。	
2	・鴨川が汚れていた原因について資料を基に調べる。 ・当時の社会背景を戦後復興や高度経済成長を基に調べる。 ・調べたことから、「誰が鴨川を汚していたのか」について考える。	・鴨川が汚れていた原因として、工場排水や家庭ごみであったことに気付かせる。 ・川にごみを捨てるという行為が横行していたことから、環境への意識が低かったことにも触れる。 ・戦後の日本の復興によって人々の暮らしが便利になったことを押さえる。 ・生活のしかたや生産のしかた、人々の環境への意識などが原因になっていること、それらは当時の日本の傾向であったことに着目して考えさせる。
3	・汚れた鴨川をきれいにするために、行政や工場の人たち、市民の取組を資料から調べる。	・調べたことは、シンキングツールを用いて、「行政」「工場の人たち」「市民」に分類させるとよい。それぞれの取組が連関していることについても気付かせたい。 ・国や市などの行政によって法律や条例などの仕組みが整えられ、工場などがそれらに対して工夫し協力していることに着目して考えさせる。

時	主な学習内容	指導上の留意点
4	・美しい鴨川を維持するための取組を調べる。 ・自分たちの住む地域を流れる河川はどうなっているのかを調べる。	・きれいになった鴨川で遊ぶ人がごみを出さなくなったことに着目して、市民自身が環境を守る取組をすることで、環境への意識を高めようとしていることについて考えさせる。 ・インターネットで調べることや、家庭学習として、実際に現地に足を運ばせ写真を撮らせるのもいいだろう。
5・6	・自然災害を減らす河川整備について調べる。 ・資料からコンクリート護岸と自然河岸について調べる。 ・地域の河川はどうすべきか考える。	・大雨などによる河川の氾濫を防ぐためには、コンクリート護岸と自然河岸があることを確認させる。 ○○川は、コンクリート護岸か自然河岸のどちらにすべきだろう？ ・それぞれの「よさ」「問題点」を整理させた上で、自分の考えを書かせるようにする（ロイロノートで意見を共有）。

Point わかる教え方

第3次では小単元末に、「コンクリート護岸と自然河岸」について考えさせる。自然河岸の例として、兵庫県豊岡市の円山川の湿地整備は資料として有効である。ここでは、自然を守りながら人が生活していくために大切なことは何かに加え、異なる意見を踏まえながら合意形成していくことの大切さについても気付かせたい。

第3章

① 憲法と政治、選挙

時事的な社会問題から基本的人権を考える

政府の政策の妥当性を検討し、主権者意識を高める

執筆者：片山元裕

❶ 特徴— 選択・判断を促す学習構成—

（1）教材づくりのポイント

　日本国憲法は私たち国民に義務を課すだけでなく、基本的人権を保障するものでもあります。それは、政府が政策を検討する上で守るべき枠組みを規定することを意味します。つまり、憲法の規定を越えて、その時々の時勢や世論により、政策を実行することは許されないと言えます。本単元では、基本的人権の視点から政府の政策の是非を子どもたちと検討します。政治は必ずしも正しいものではなく、良くも悪くも国民の生活に影響を及ぼすことに気付かせ、主権者として、政治について考えたいという意識を育てます。

（2）授業で取り扱える題材

　政治と基本的人権が関わる時事的な社会問題を通して、選択・判断の経験を積ませたいです。例として、感染症の流行を防ぐのための水際対策が題材例として挙げられます。2021年12月に、国土交通省は日本に到着する国際線の新たな予約の停止を要請し、事実上、日本人の入国を制限しようとしていました。しかし、政策に対する批判が相次ぎ、数日後、撤回しました。国土交通省はなぜ政策を撤回したのか、本当に撤回することが妥当だったのか、児童に問い、考えさせます。国民の健康や医療体制の維持を目的とした政策ではありますが、移動の自由や幸福追求権などの個人の権利を侵害するとの批判がありました。立場によって、政策による利害が変わるなか、子どもたちに悩みながら、自分なりのよりよい選択を追求する姿勢を育てたいです。

❷ 資料の作り方

　政策に賛成する根拠と反対する根拠となる資料が必要になります。時数に余裕があれば、児童が書籍やインターネットを使って、自身の考えの根拠となる資料を探させたいです。

　本単元では、討議を通して、学習を深めようと意図しています。そのため、児童が個々に調べた資料が根拠となり、相手の意見のポイントを十分につかめなくなるという問題が生じます。そこで、事前に児童が調べてきた資料を集め、討議のポイントとなりそうな資料を教師から資料集として提示します。Ａ３サイズの紙にまとめることで、討議の前提となる資料を全体で共有することができます。また、Google スライドなどの ICT を活用すれば、紙面の制限を受けず、資料集を作成することができます。

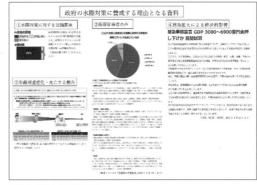
児童に提示する資料集

❸ ICT 活用のポイント

　資料を探すツールとして、タブレットが有効です。時事的な社会問題を取り扱う場合、最新の資料が必要となる場合が多いためです。しかし、課題として、漢字を読めないことがあります。子どもがせっかく探しても、漢字を読めず、意欲が低下する場面が散見されます。そこで、「ひらひらのひらがなめがね」（https://www.hiragana.jp/）を活用することで、全ての漢字をふりがな付きで読め、考えるための材料とすることができます。ただし、子どもたちがニュースやインターネットなどの情報を、「いつ」「誰が」「どこで」「何を」「どのように」して私たちの手に届いているか意識できていないときがあるため、注意が必要です。

「ひらひらの
ひらがなめがね」

❹ 単元の展開例〈9時間扱い〉

時	主な学習内容	指導上の留意点
1	・学習問題を設定し、児童の予想を基に学習計画を立てる。	・地域の政治に関わる事例から、学習問題を設定する。 ・既習の内容や生活体験を基に、日本国憲法や政治に関わる疑問や調べたいことを考えさせる。
	【学習問題】日本国憲法や政治が、私たちの暮らしにどのように影響しているのだろう。	
2	・国民主権の考え方について調べる。	・日本国憲法の前文や内容を読み取ることで、国民主権について調べさせる。 ・民主政治の制度についてもつかませることで、私たち一人一人が主権者であることに気付かせる。
3	・基本的人権や国民の権利・義務ついて調べる。	・それぞれの権利や義務の意味について調べ、それぞれがどのように自分たちの生活と関わっているかについて考えさせる
4	・平和主義ついて調べる。	・平和記念式典や人々の思いについて調べ、平和主義に込められた願いやその意義について考えさせる。
5	・国の政治が、国会、内閣、裁判所の三つの機関で行われていることや、それぞれの役割について調べる。	・国会、内閣、裁判所の三つの機関に関する資料を収集し、三権分立の関係を図にまとめる。 ・役割を分担し、一人が一機関について調べ、後に調べたことを共有し合うことで、三つの機関について理解させる。

時	主な学習内容	指導上の留意点
6	・政府の水際対策に関する政策について調べる。	・感染症の流行を防ぐために、国土交通省が日本人の入国を制限しようとしたことを知り、その理由を調べる。 ・政策の意義について理解させ、国民の健康を守ろうとする政策であると気付かせる。
7	・基本的人権の観点から、政策に問題がないか調べる。	・既習の基本的人権の観点から、政府の政策に対して批判的に検討させる。 ・資料集やタブレットから資料を集め、検討することで、児童が主体的に取り組めるようにする。
8	・政策の是非について、根拠を基にして討議する。	・立場によって、政府の政策の利害が変わることに気付かせる。 ・討議が根拠のない主張とならないよう、基本的人権に焦点を当て発言させる。
9	・討議を通してわかったことを整理し、自分なりの考えをまとめる。	・一つの政策に関して、多様な賛否が考えられることに気付かせる。 ・自分なりの答えを考える経験を通じて、政治に関心をもったり、考えたりする態度を涵養する。

基本的人権に関する内容について、児童に知識の詰め込みとならないように注意したい。国や地方自治体の政策を検討する上で、基本的人権の視点から考えることは重要な要素である。さらに、今後、児童が自分や周りの人が幸せに生きていくために生かせる知識となるようにしたい。また、本題材は、外国人の入国制限についても考えることで、グローバルな観点からも基本的人権を考えられ、「グローバル化する世界」についての学習につなげることができる。

② 暮らしを支える政治

身近な暮らしと
政治のつながりを見いだす

児童会館の子育てサロンの仕組みから政治への関心を高める

執筆者：佐々木英明

❶ 特徴 ― 政治を自分事にする学習を ―

（1）身近な素材を教材化

　政治単元で一番心がけたいのは子どもと教材との距離です。若い世代ほど投票率が低く、それだけ政治と自分の暮らしとの結び付きを見いだしにくいからです。本単元は、子どもに身近な児童会館や学校の教室で行う子育てサロンを取り上げ、住民の思いや願いが市役所や議会に届けられて吟味され、政策として決定した後に、行政サービスとして享受される一連の流れについて実感できるようにしていきます。

年代	投票率（%）
10歳代	43.21
20歳代	36.50
30歳代	47.12
40歳代	55.56
50歳代	62.96
60歳代	71.43
70歳代以上	61.96
全体	55.93

令和3年第49回衆議院議員総選挙年齢別投票率（総務省）

（2）選択・判断を促す学習展開

　本単元で税金の投入や住民参加の是非の学習を進めていくと、子どもや家庭に直結する問題と向き合う場面があります。「子育てサロンにどのくらいの税金をかけるべきか」「自分は町内会の子育てサロンの運営に必要な地域住民のボランティアに参加するか」といったように、選択・判断を迫る問いの設定によって議論を促し、社会が「理想と現実」や「公と個」等の葛藤の中で意思決定されている様子を捉え、社会と関わり方を見つめる機会をつくっていくようにします。

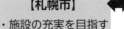

【札幌市】
・施設の充実を目指す
・住民参加を求める

【個人】
・税金の抑制を求める
・サービス充実を求める

子育てサロンの設置における公と個の対立構造

❷ 資料の作り方

　地域の素材を教材化するためには、3・4年生と同様に地域を歩いて取材を進めることが必要です。また、市区町村の広報誌やホームページも大事な資料作りのツールとなります。札幌市には、「広報さっぽろ」という広報誌があって、区ごとに別版が用意されていて行政サービスの情報を集めることができます。子育てサロンのホームページを作成している市町村も多数あります。こうした資料の読み取り活動を進めていくと、子育てサロンの実態や効果、課題などを見付けていくことができるのです。

札幌市白石区の子育て支援情報と札幌市の子育てサロンのホームページのQRコード

❸ ICT 活用のポイント

　札幌市では、道路除雪への改善を求める市民からの要望が多いです。単元の中で歳出グラフを読み取り、学校生活に関係の深い教育費と暮らしに関わる土木費等のどちらに力点を置くべきか選択・判断する活動を設定し、税金の使い道を考える活動がおすすめです。この学習はJamboardが有効です。歳出グラフをフレームの中心に位置付けて配付し、教育費と土木費で付箋の色を分けて考えを記入していきます。子どもから、「自分に関わる教育費が大事」「インフラが生活を支える」といったように活発な議論が生まれます。

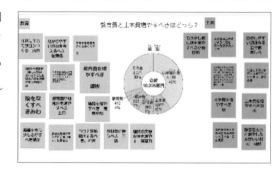

❹ 単元の展開例〈8時間扱い〉

時	主な学習内容	指導上の留意点
1	・子育てに関する政治について整理し、まちづくりを考えるというめあてを確認する。	・子どもが見聞きしたことのある子育て関連の政策を取り上げ、市のホームページ「子ども向け・子育て関連施設」から調べていく。 ・子ども向け公共施設の分類を明確にして、次時の調べ学習の足掛かりにしていく。
2	・市の子育て政策調べから、学習問題をつくる。	・市のホームページ「子ども向け・子育て関連施設」を調べる中で、複数の施設で出てくる「子育てサロン」というワードに着目し、単元の学習問題をつくっていく。
	【学習問題】子育てサロンとは何の施設で、どのような人がどのような働きをしているのだろう。	
3	・子育てサロンの仕組みについて調べる。	・毎月年児童会館が発行し学校でも配付している刊行物や、区内の子育てサロンの一覧、地図等を使い、時間や形態を工夫して様々なニーズに対応している様子を捉えるようにする。

> 子育てサロンが公共交通機関や幹線道路に面していることから設置場所の特徴をつかんだり、児童会館ごとや小学校区ごとに設置されていることから規模をつかんだりすることができます。

時	主な学習内容	指導上の留意点
4	・子育てサロンができるまでの流れについて調べる。	・市の子育て政策「さっぽろ子育て未来プラン」と教科書を使って調べ学習を進める。 ・住民の要望を市が受け取り、市議会と市役所、専門家会議や国、道の協力を得て進めている様子を捉えるようにする。

時	主な学習内容	指導上の留意点
5	・子育てサロンの利用の様子について調べる。	・児童会館の子育てサロン見学を実施し、サロンの仕事の内容ややりがいのほか、利用者や実施頻度、予算などを確認していく。 ・児童会館では、館長と保育士、保護者、幼児の四者がいること、それぞれの思いや願いについて捉えていくようにする。
6	・子育てサロンの運営にかかる費用について調べる。	・子育てサロンの運営予算の出どころや使い方を市の歳入・歳出のグラフから読み取る。 ・予算ができるまでの仕組みを確認し、生活と行政機関とのつながりを捉えるようにする。
7	・町内会が子育てサロンを運営する意味を考える。 三者の立場を明らかにし、子育てしやすいまちづくりの実現に向けた住民参加について考えるようにします。	・「どうして町内会の人たちも子育てサロンを開催するのか」という問いを設定する。 **町内会** 子どもの笑顔と **札幌市** 子育てサロンを **力を合わせて子育てしやすいまちを実現** **地域住民** 若い人たちも
8	・子育てサロンをよりよくするための政策について考える。	・子育てサロンの改善に向けて、場所と開催頻度のどちらを増やすべきか選択・判断する場を設定し、それぞれの長所と短所を考えることで、よりよさを求める態度を育てる。

わかる教え方 Point
時数に余裕があれば、市区町村庁舎に併設された子育てサロンの見学や町内会の子育てサロンの責任者をゲストティーチャーとして招くなどして運営の様子や、思いや願いについて学べるようにしたい。公共施設も町内会も、学校や小学生への啓発の意識が高いので、実際の見学が難しければオンラインによる見学や授業でよいので、子どもと社会をつなげる工夫が大切である。

第3章

① 大昔のくらしとくにの統一

「なぜ？」を問いながら 社会の変化を捉える

「米づくり・古墳は社会の何を変えたのか？」を考える

執筆者：岩瀬寛弥

❶ 特徴 ── 社会の変化をわかりやすく捉えられる学習構成 ──

　本単元から日本の歴史学習が本格的に始まります。歴史学習で大切なのは「知識を暗記すること」ではなく、「知識を使って考えること」「歴史を学ぶことで現在を見つめ直すこと」です。まず、教科書・資料集に必ず載っている縄文時代のむら（左）と古墳づくりの様子（右）の想像図を比べてみましょう。

縄文のむらの想像図（日本文教出版）　　　　古墳づくりの想像図（日本文教出版）

　縄文時代は自分たちの生活に必要な道具や食べ物を作っているのに対し、古墳時代は地位が高い人の墓を造っています。また、古墳時代では指示する者と働く者が分かれ、人々の間に格差があることが読み取れます。この点に着目させるために、二つの想像図を提示し、「どちらの時代もみんな一生懸命に働いているね？」と問いかけてみましょう。子どもからは「古墳づくりの方は働いてない人がいる」「古墳時代には命令している人や見張っている人がいるよ」とつぶやきが出るはずです。子どもの発言から、古墳時代には格差のある社会になったことを確認し、学習問題「なぜ、平等だった縄文時代から、格差のある古墳時代に変わっていく

のだろう？」につなげましょう。第1時にこのような学習構成の工夫をすることで、学ぶ目的が明確になるだけでなく、「なぜ？」という問いをもちながら社会の変化について考えることができます。格差が生まれる過程は、下の表を参考に教材研究を深めてみましょう。

縄文時代	木の実や動物をとり、縄文土器で煮炊きして食べることができた。人口が少なく、むらで食べ物を分けた。	
弥生時代	水田ができ、水や土地をめぐる争いが起きる。それらを得た者が指導者となる。	稲作が伝わる
古墳時代	巨大な古墳を造らせ、見せることで、豪族は自らの絶対的な力を示す。格差は動かなくなり、その子孫も豪族となる。	

❷ 資料の作り方

　教科書や資料集に掲載されている資料は、発問を工夫することで、子どもの資料への見方が変わってきます。例えば、縄文時代の食べ物を調べた後に「木の実や貝はそのままでは食べられるか」「今だったらどのように調理して食べるか」と子どもの体験に寄り添った発問をすることで、木の実や動物などの灰汁抜きや加熱を可能にした縄文土器の画期性が見えてくるでしょう。

　また、住んでいる地域やその近辺に古墳がある場合には、市区町村のホームページを基に資料を作ることで、歴史を身近に感じることができます。

❸ ICT 活用のポイント

　Google Earth を活用して実際の位置や規模を実感させることが有効です。教科書に想像図が掲載されている「板付遺跡」が大陸と近くであることを確認すると、米づくりが九州地方から始まったことを考えるきっかけとなります。また、「仁徳天皇陵古墳」を Google Earth で見ると、近くの建物と比べて巨大な規模であることや、周りにも多くの古墳がある地域であることがわかります。また、ストリートビューで見ると、実際に古墳を間近で見たときのインパクトを体感することができ、王や豪族の力を視覚的に理解することができます。

❹ 単元の展開例〈7時間扱い〉

時	主な学習内容	指導上の留意点
1	・縄文時代と古墳時代の様子を比べて学習問題をつくり、予想を立てる。	・教科書や資料集で、縄文の暮らしと古墳を造る様子の想像図を比べ、古墳時代になると、富や力をもつ者が現れることを捉えさせる。二つの時代の違いから疑問をもたせ、学習問題をつくっていく。
	【学習問題】なぜ、平等だった縄文時代から、格差のある古墳時代に変わっていくのだろう。	
2	・縄文時代のむらの様子について調べる。 縄文時代の様子	・縄文時代の想像図や出土品の写真を使って縄文時代は狩猟採集の生活が中心であり、1万年近くも続いたことをつかませる。 ・「どのように木の実や貝などを食べるのか」という問いから、鍋として煮炊きできる縄文土器の画期性や、石皿とすり石などの自然を利用した道具のよさを捉えさせる。
3	・弥生時代の米づくりの様子について調べる。	・米づくりの想像図や出土品の写真を使って米づくりの様子を調べ、稲作の伝来や使用された道具、指導者の存在を捉えさせ、米づくり中心の生活であったことをつかませる。
4	・弥生時代のむらの様子を踏まえ、米づくりが始まった後の社会の様子を調べ、争いが起きる理由について考える。	・吉野ヶ里遺跡の復元図や発掘された人骨の写真から、「なぜ、米づくりが始まると争いが起きるのか？」という問いを設定する。 ・NHK for School の動画を使って、水や土地をめぐって争いが起きたことや、争いで勝った者がむらを従えてくにができ、豪族の中から王が現れることをつかませる。

時	主な学習内容	指導上の留意点
5	・古墳がどのように造られたのかについて調べ、豪族が古墳を造らせた理由を考える。 Google Earth で見る	・仁徳天皇陵古墳を Google Earth で見せ、「なぜ、豪族はこんなに大きな古墳を造ったのか」という問いを設定する。 ・教科書を使って、古墳の大きさや動員された人数や年数、現在に換算した金額について調べ、壮大な規模であることを捉えさせる。 ・豪族が大きな古墳を造らせた理由について考えさせることで、自分の大きな墓を造らせることによって、今だけでなく死後も自分の力を示すためであることをつかませる。
6	・大和朝廷が力を広げていた様子について調べる。	・前方後円墳の分布や出土した鉄剣・鉄刀の「ワカタケル大王」の文字を読み取り、大和地方に大きな力をもつ大和朝廷ができたことやその力が広がっていたことを捉えさせる。 ・教科書の年表を使い、漢字や仏教、進んだ技術が渡来人によって伝えられた経緯をつかめるようにする。
7	・調べてきたことを整理し、学習問題についてまとめる。	・これまでの学習を整理し、それぞれの時代の特徴を振り返り、大和朝廷に至るまでを整理させる。 ・PowerPoint のスライド 3 枚で、縄文・弥生・古墳時代の特徴をまとめさせる。

Point わかる教え方

社会の様子を捉える際、数字を使って考えることが有効である。縄文時代の人口は多くとも約 30 万人、弥生時代の人口は約 60 万人である。人口が倍増した理由を考えてみると、稲作によって安定した食糧が手に入ったことが原因だとわかる。また、豪族が手に入れた銅鐸は約 500 発見され、単純に人口からその数を割っても、1200 人に 1 人しか所持できないため、その価値が理解しやすい。

② 天皇中心の国づくり

人物の立場で
中央集権国家の成立を捉える

天皇、僧侶、民衆による政治の見え方の違いを明らかに

執筆者：佐々木英明

❶ 特徴 ── 立場による社会的事象の見え方の違い ──

（1）聖徳太子と聖武天皇による「天皇中心の国づくり」

　本単元は、聖徳太子と聖武天皇の二人が「天皇中心の国づくり」という目的に向かって政治を進めていく様子を学習します。そのため、二人を中心にしつつ、小野妹子や鑑真といった支える人物や民衆等、それぞれの立場から出来事や人物への感じ方を想像すると、楽しみながら学ぶことができます。

二人の政治を支える人物　　　　聖徳太子　　聖武天皇　　　　民衆や渡来人などの人々

（2）立場で板書にまとめ多角的に捉える

　歴史学習は、人物の立場で出来事を捉え、その心情を想像する学習が有効です。例えば、大仏開眼式の授業では、外国人と日本人のそれぞれの立場に向けた聖武天皇の思いを考えていくようにします。そこから日本文化の国内外への発展につなげます。大仏建立と開眼式を行った効果を捉えながら、歴史や伝統文化の価値を実感し大切にしようとする心情を生む機会としたいところです。

なぜ聖武天皇は
開眼式に外国人をよんだのだろう？

【外国人】
日本にも優れた技術があることを伝えよう

天皇中心の国「日本」

【日本人】
大きく立派な大仏を見せて人々を安心させよう

人物の立場ごとに整理した板書

❷ 資料の作り方

本単元では、聖徳太子と聖武天皇に関わる年表が重要な資料となります。ですから、これらの読み取りから、学習問題をつくったりまとめの時間に振り返りとして読み取ったりする活動が大切です。また、毎時間この年表に立ち返って、それぞれの出来事の関連を考える活動も有効です。

年	主なできごと
574	聖徳太子が生まれる
589	◆隋が中国を統一する
593	聖徳太子が天皇を助ける役職につく
603	冠位十二階を定める
604	十七条の憲法を定める
607	遣隋使を送る
	法隆寺を建てる
618	◆隋がほろび、唐がおこる
622	聖徳太子がなくなる
630	遣唐使を送る
645	中大兄皇子らが蘇我氏をたおす
694	最初の本格的な都（藤原京）がつくられる
701	新しい法律を定める
710	都が平城京（奈良県）に移る
724	聖武天皇が位につく

聖徳太子とその後の主なできごと

年	年令	主なできごと
701	1才	文武天皇の子として生まれる
710	10	都が平城京（奈良県）に移る
		このころ「古事記」ができ、各地で「風土記」がつくられはじめる
720	20	九州で反乱が起こる
		「日本書紀」ができる
724	24	天皇の位につく
737	37	このころ都で病気が流行する
740	40	貴族の反乱が起こる
		都を恭仁京（京都府）に移す
741	41	国分寺を建てる命令を出す
743	43	大仏をつくる詔を出す
744	44	都を難波宮（大阪府）に移す
		都を紫香楽宮（滋賀県）に移す
745	45	都を平城京（奈良県）にもどす
747	47	奈良で大仏づくりが始まる
749	49	天皇の位を退く
752	52	大仏開眼式
756	56	なくなる

聖武天皇の年表

❸ ICT 活用のポイント

歴史の前半は、地図や写真を用いて規模の大きさを捉えていくことが大切です。これらの資料をテレビやスクリーンに映し出し、学校や教室など子どもの身近なものの大きさと比べるようにします。また、聖徳太子や聖武天皇の年表や国分寺の配置や分布、各地の特産物などの地図の読み取り活動では、Jamboard の共同編集機能がおすすめです。フレームの中心に資料を貼り付け、付箋に記入させていきます。そうすると、自分の考えを記入すると同時に友達の考えを取り入れることが可能になります。

大仏づくりで働いた人数
のべ260万人　多い＞　札幌市の人口　197万人

スライド例① 人数を比較する

スライド例② 大きさを比較する

❹ 単元の展開例〈6時間扱い〉

時	主な学習内容	指導上の留意点
1	・聖徳太子が行った遣隋使や新しい政治について調べ、それらの目的を考えるための学習問題をつくる。	・十七条の憲法を提示し、当時の人々が天皇中心の国づくりを目標にして様々な取組を進めたことを確認する。 ・聖徳太子の年表を読み取り、遣隋使の派遣や新しい政治の目的について考える中で、単元の学習問題をつくっていく。

【学習問題】日本は、どのように中国から学び、天皇中心の国をつくったのだろう。

時	主な学習内容	指導上の留意点
2	・大化の改新とその後の遷都や律令の制定について調べる。	・NHK for School の動画を使って蘇我氏が倒された後の政治について調べる。 ・都へ運ばれてきた主な産物の地図を読み取る。

Jamboard で律令の制定によって米・物・人が都に集まる仕組みや都と九州を守る兵役の制度ができていく流れを読み取れるようにします。

時	主な学習内容	指導上の留意点
3	・聖武天皇が仏教の力で政治を安定させようとした様子を調べる。	・年表を使って聖武天皇が病気の流行や貴族の反乱等の混乱した世相に対し、人々の不安を鎮めるために仏教の力に頼ろうとした経緯を読み取り、世の中が変化していく様子を考えていくようにする。

時	主な学習内容	指導上の留意点
4	・聖武天皇の大仏づくりと開眼式の様子について調べ、その目的を考える。 Jamboard で渡来人と日本人双方の立場から予想したことを付箋に貼ってから発言を引き出します。	・「なぜ、聖武天皇は開眼式に日本人ばかりでなく、たくさんの外国人を呼んだのだろう」という問いを設定する。 大仏開眼供養の想像図
5	・正倉院の様子から大陸文化について調べる。	・写真と解説文を確認したり、交通路を確認したりして、中国やヨーロッパから文化が伝わってくる様子を捉えるようにする。
6	・調べてきたことを整理し、それぞれの立場における思いを考える。 スプレッドシートに「氏名」「活躍した人物」「新しい国づくりのために行ったこと」の項目をつくり、学習内容を整理していきます。	・単元で登場した人物がしたことやその思いを想像してスライドに記入し、互いに見合って人物に共感する気持ちを高めるようにする。

時数に余裕があれば、単元の後半の大仏建立や開眼式の学習において、労働の過酷さや大仏の規模を実感できるように体験的な活動を取り入れていく。教室に大仏の頭に見立てて机を集めて皆で演技をしたり、模造紙を広げて実物大の手を描いてみたりすると、聖武天皇が人も物も時間もかけて大仏を建立した必要性や意味を想像することができる。

第3章

❸ 貴族が生み出した新しい文化

貴族の目線から政治・文化を捉える

藤原道長の日記から貴族の暮らしを実感する

執筆者：岩瀬寛弥

❶ 特徴 ― 当時の貴族の目線から理解する学習構成 ―

　教科書の想像図を見て、貴族はどんな暮らしをしていたかと問うと、「遊んでいる」「楽しそう」という反応が返ってきます。しかし、貴族は楽しんだり遊んだりしていただけではありません。藤原道長が、日記の『御堂関白記』に長年にわたって記録する必要があったように、貴族の「仕事」の中心は膨大な年中行事を日々間違えずに行うことでした。古墳や大仏のような「大きさ」だけでなく、「知識・教養」で権力を示す時代になったのです。教科書にも次のようにしっかりと書かれています。

> ・貴族の社会では，儀式や**年中行事**がくり返しおこなわれ，細かいしきたりを守ることがたいせつにされました。貴族たちは，和歌や舞曲・絵合わせ・けまりなどを楽しみ，その教養をきそいました。

（日本文教出版）

　一方で、それまでは中国から伝わった漢字での表現が中心でしたが、かな文字が生まれたことで自分の気持ちを細かく表現できるようにもなりました。

　子どもの「貴族は楽しそう」という発言から「何が楽しかったのかな？」「楽しいことだらけ？」と問いを深めて、学習問題につなげていきましょう。

　また、子どものリアルな感覚を知ることも教材研究です。児童の多くは、儀式的行事の練習を楽しいとは思いませんし、授業中の発表やノートよりも休み時間のおしゃべりやLINEでの言葉で細かな気持ちを表現しています。その感覚こそが、貴族の暮らしを実感するための重要な手がかりとなります。

❷ 資料の作り方

　藤原道長が書いた日記『御堂関白記』が単元の中心資料です（内容や画像については QR コードから所蔵元「陽明文庫」HP を参照）。まず、貴族の社会で権力を示すには「知識・教養」を記録し、年中行事を間違えずに行うことが重要だったことを実感させるために、日記がまとめられた巻物の画像を使います。道長が20 年以上日記を書いたことを加えて画像を提示することで、権力を示すには「知識・教養」を記録し、年中行事を間違えずに行うことが重要だったことが理解できます（次頁 QR コードも参照）。次に、当時の貴族は仕事の際には、「漢字」を使用していたことがわかるように、日記本文

巻物の画像　　　日記本文の画像

の画像を提示します。そして、「この世をば…」の歌に「かな文字」が多い理由を考えさせることで、貴族がかな文字によって細かい気持ちを表現できるようになったことが理解しやすくなるのです。

❸ ICT 活用のポイント

　本単元は単元末で学習問題について話し合いますが、その際に Microsoft Teams を使うことで、全体の前では発言しにくい児童も参加しやすくなります。話し合う前に教師が Microsoft Forms で選択式のアンケートを作成しておき、子どもがそれに投票してから話し合いを始めると、理由まで考えるのが苦手な児童もまずは投票という形で意見を表明できるからです。また、授業の終末で再度同じアンケートに投票させることで、個人やクラス全体の授業中の考えの変化を、子どもも教師も共に見ながら振り返ることができます。

❹ 単元の展開例〈4時間扱い〉

時	主な学習内容	指導上の留意点
1	・藤原道長が大きな力をもっていた様子や貴族の暮らしについて調べ、学習問題をつくる。 	・藤原道長の歌「この世をば…」の意味を考え、貴族が大きな力をもったことを確認する。 ・「なぜ、藤原氏は大きな力をもったのか」と問い、教科書や資料集から娘を天皇のきさきにしていたことなどを確認する。 ・教科書や資料集の貴族の暮らしの想像図や貴族の食事の再現写真を読み取り、立派な屋敷に住み豪華な食事をとれるほど力をもっていた様子や、庭や池で遊びを楽しんでいる様子から学習問題をつくっていく。
	【学習問題】貴族は、楽しい毎日を過ごしていたのだろうか？	
2	・貴族が行っていた年中行事について調べ、貴族が年中行事をどのように感じていたのかを考える。 NHK for School クリップ 貴族のくらし	・教科書やNHK for Schoolを使って、貴族の暮らしは年中行事が中心で、間違いなく行うのが大変重要であったことをつかむ。 ・年中行事は1年間に約290あったことを示し、「自分だったらすべて間違いなく行うことができそうか」を考えさせることで、年中行事を行う貴族の生活を実感させる。 ・『御堂関白記』の画像を見せ、道長は20年間以上も年中行事のやり方を日記に記したことを紹介し、「道長はどんな気持ちで日記を書いていたのか」を考えさせる。 ・約290から大きく減ったが、今に伝わる年中行事があることを捉えさせる。

時	主な学習内容	指導上の留意点
3	・藤原氏が栄えていたころに生まれた日本風の文化について調べ、貴族がどのように感じていたのかを考える。 NHK for School クリップ かな文字での表現	・『御堂関白記』の画像を見せ、奈良時代の学習を想起し、この時代にはまだ中国から伝わった漢字で書いていたことを確認する。 ・教科書や資料集を使って、かな文字が漢字を元にして生まれたことを読み取る。 ・日記は漢字で書いていた道長が、自分の気持ちを詠んだ「この世をば…」の句ではかな文字が多い理由を考え、自分の気持ちを細かく表現できることを捉えさせる。当時の貴族の気持ちがより実感できるよう、自分が本当にうれしい時の気持ちを外国語の「I'm happy.」で表せるかを問うのも有効である。 ・NHK for School を観て、かな文字を使うことで「源氏物語」など有名な文学作品が多く生まれたことを捉えさせる。
4	・調べてきたことを整理しながら、学習問題について話し合う。	・「貴族は楽しい毎日だった」「楽しい毎日ではなかった」について Microsoft Forms で投票し、Microsoft Teams で意見を交換させる。 ・「多くの年中行事を間違いなく行う大変さ」と「かな文字で気持ちが表現できるようになったうれしさ」の視点で意見を整理させる。

Point わかる教え方

当時の「年中行事を間違いなく行うことが大変重要」という感覚を理解するには、学校行事で考えるとよい。コロナ禍で簡素化したとはいえ、運動会の開閉会式や卒業式の練習は残っている。立ち座りの方法や礼の仕方、どのような声を出すか等を間違えると友達や教師に指摘され、恥をかく。年に数回の学校行事でも大変だが、当時の貴族社会では、ほぼ毎日これが行われたことを捉えさせたい。

④ 武士による政治の始まり

比較を中心に、武士による時代の特徴を捉える

貴族の時代との比較、武士の政権同士での比較

執筆者：小暮直也

❶ 特徴 ― 比較＆多角的にものごとを見る ―

　本単元は、「比較」をキーワードにして時代の特徴を捉えることに適した単元です。

　まず、貴族が力を持った平安時代と鎌倉時代の比較により、学習問題をつくり上げます。そして、平氏政権と源氏政権を比較させることで、より各政権の特徴を捉えやすくします。

　また、多角的な視点で武士が中心となる時代を見ていくために、2〜5回目のそれぞれの授業における、貴族の気持ち・源氏の武士の気持ちを考えさせます。武士以外の立場の人の気持ちを考えさせることで、多角的に歴史的事象を見られるようになります。そして、最後に2〜5回目の授業を比較して、自分の考えをまとめます。

❷ 資料の作り方

　資料を作る場合、教師が作成し児童に提示する場合と、児童自身に作成させる場合が考えられます。今回の授業プランでは、A朝廷と平氏政権、B朝廷と鎌倉幕府との関係を立地の関係から考えさせます。児童自身に資料を作成させることで、驚きと実感をもたせたいと思います。例えば、座席が隣のペアで先ほどのA・Bどちらを調べるかを決めます。そして、Googleマップを起動し、A「京都御所」から「六波羅探題」、またはB「京都御所」から「鎌倉」までのルートを検索します。検索できたらペアで確認し合います。児童が資料を作成することで、自分

の調べた結果とペアが調べた結果が異なることに気付き、疑問が生まれます。そして、それぞれの政権と朝廷の関係を考えていくことにつなげていきます。

資料1　京都御所と六波羅

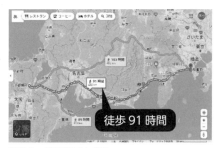

資料2　京都御所と鎌倉

❸ ICT 活用のポイント

　「武士のやしきのようす」の資料を読み取る際に Jamboard の共同編集機能を班で活用すると効果的です。Jamboard を活用するメリットは3点です。①Jamboard に貼り付けた資料にみんなで気付いた点を書き込むことができます(修正も簡単です)。②個人で使う付箋の色を割り振っておくことで、誰がどの点に気付いたのか一目でわかるようになります。③クラス全体で発表する際、他の班の意見を手元で見ることができます。Jamboard を活用する際に、知っておきたい機能があります。それは、読み取らせたい資料を Jamboard の背景に設定することです。編集中に資料が移動することを防げるので、児童の集中を継続させることができます。ただし、背景に設定する場合、iPad からは設定することができないため、事前に別のノートパソコン等を使用して設定しなくてはいけません。

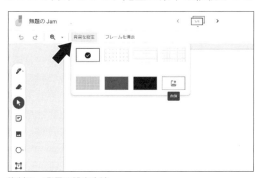

資料3　背景の設定方法

❹ 単元の展開例〈6時間扱い〉

時	主な学習内容	指導上の留意点
1	・年表を確認したり、貴族の暮らしと武士の暮らしを比較したりして、学習問題をつくる。	・巻末にある年表から、貴族の世の中から武士の世の中に変化したことを気づかせる。 ・「貴族のやしきのようす」「武士のやしきのようす」の資料から、暮らしの変化を読み取らせる。
	【学習問題】力を持っていた貴族にかわり、武士はどのように力を伸ばしていったのだろう。	
2	・平清盛が武士の世の中にどのように関係しているか調べる。	・NHK for School のドキリ★ソングブックー平清盛（動画）を見て、平清盛の成果について大まかに理解させる。 ・動画では出てこなかった平清盛のすごさ（朝廷と結び付きながら勢力を伸ばした）を教科書本文から読み取らせる。 ・年表と「源氏の進路」の資料から、源義経の活躍によって、平氏が滅んだことを押さえる。
3	・源頼朝が、どのように政治を行ったのか調べる。	・六波羅と鎌倉を比べることで、朝廷と距離を取りつつ、武士の暮らしをつくっていった様子を捉えさせる。 ・「一所懸命」の語句の意味を考えさせる、調べさせることを通して、武士が将軍から賜った土地を、命をかけて守ったことを捉えさせる（調べるには、NHK文化放送研究所のHPが適している）。

時	主な学習内容	指導上の留意点
4	・幕府がどのように大国の元と戦ったのか調べる。	・「13世紀のアジア」の資料より、日本に攻めてきた元という国が、大国であることを読み取らせる。 ・「蒙古襲来絵詞」の資料から、戦いの様子や、九州の武士が命をかけて奉公したことで、御恩を得た様子を読み取らせる。
5	・元との戦い後、鎌倉幕府が滅んでいく様子について調べる。	・巻末の年表から、元との戦いには勝ったにもかかわらず、元との戦いの後に鎌倉幕府が滅んでいることに気付かせる。 ・「御恩」と「奉公」という語句を使って、幕府が滅んだ理由をまとめさせる。
6	・源氏の武士と貴族の立場で、武士が力を伸ばした時代についてまとめる。	・2〜5回目それぞれの授業における貴族と、源氏の武士の気持ちを考えさせる。 例）2回目の授業 貴族の気持ち　　平氏一族の栄華　　源氏の武士の気持ち

 わかる教え方 「蒙古襲来絵詞」のデジタル資料は九州大学附属図書館のホームページにある九大コレクションから確認することができる。また、同ホームページには「蒙古襲来絵詞」の詳しい解説が載っているページもある。教科書の資料だけではつかめない元寇の様子をつかむことができる。様々なシーンを見ると、武士が蒙古兵に勝っているシーンが数多く描かれている。

⑤ 今に伝わる室町の文化とくらし

室町文化の学習 ×パフォーマンス課題

文化を紹介することで自らの学びを深める

執筆者：小暮直也

❶ 特徴 ― 学びを成果に ―

　時代劇のテレビ放送が減るとともに、室町時代の文化（江戸時代の文化）が日本の伝統的な文化であるという認識を獲得していない児童が増えています。したがって、導入では、室町時代の文化が日本の伝統的な文化であるという意識をもたせることが大切です。さらに、学習の動機付けには、現代とのつながりを児童に感じさせることが必要です。そのため、外国人にとって人気の高い日本の伝統文化の体験が紹介されているホームページを確認し、室町時代に広まった文化が含まれていることに気付かせます。

　また、室町時代の文化を「外国人に紹介する」ことをパフォーマンス課題に設定します。文化を紹介する課題に取り組む過程で、室町時代の文化について学び、紹介する活動で学びを表現できるようになることを目指します。

　そして、武士の視点・芸能民の視点・民衆の視点で授業を進めることで、パフォーマンス課題に取り組んだり、自らの成果物を振り返ったり、他の児童の成果物を評価したりする際の視点として活用します。多様な人々によって室町時代の文化がつくられたことに気付かせます。

❷ 資料の作り方

　能や狂言などは、教科書に大きく取り上げられている写真を見せて、「実際に見てみたい」という気持ちを高めた上で、映像を見せます。教科書＋映像で学習効果を高めましょう。

❸ ICT 活用のポイント

　本単元では、Google Earth のプロジェクト機能を活用します。Google Earth 上の京都の文化遺産の地点に学習した内容を書き込んで、外国人に伝えたい日本の文化（室町時代の歴史）を紹介する観光マップを作成します。

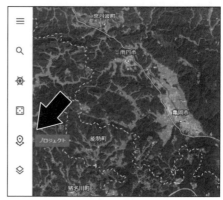

　まず、Google Earth を起動し、「プロジェクト」から「新しいプロジェクト」を作成します。次に、「アイテムを追加」から、金閣などの文化財を検索し、タイトルを付けたり、写真を選んだり、目印を付けた場所の説明を書き込んでいきます。作成したプロジェクトはプレゼンテーションとして使用することもできます。

資料1　プロジェクトの始め方

　そのため、児童同士で、プレゼンテーションを紹介し合うことができます。最終的には、ALT 等の外国人に対して紹介し、コメントをもらう場を設定すると児童の達成感につながります。

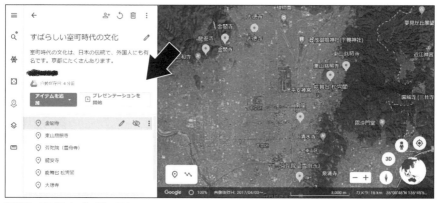

資料2　完成したプロジェクト

❹ 単元の展開例〈8時間扱い〉

時	主な学習内容	指導上の留意点
1	・外国人が好きな日本で体験できる文化を予想し、調べ、学習問題の解決への見通しをもつ。	・外国人が好きな文化のうち、いくつが室町時代に広まった文化なのか予想させる。 ・「室町の文化と関係の深いおもな建物」の資料から、体験できる文化以外にも多くの文化財が京都にあることに気付かせる。
	【学習問題】外国人に室町時代の文化を紹介できるようになろう。	
2	・金閣と銀閣の外観や内部を比べ、異なっている理由について調べる。 （武士の視点）	・足利義満が将軍だった頃は、室町幕府に権威と財力があったため、金箔を貼った寺院を建てることができた点に注目させる。 ・「金閣 法水院」「銀閣 心空殿」と検索し、一階のつくりを比べることで、書院造が現代の和風建築につながっていることを捉えさせる。
3	・能や生け花など、現代にも伝わる日本の伝統的な文化について調べる。 （芸能民の視点）	・足利義満などの武士が支えたことによって、室町時代の文化がつくり上げられていったことを捉えさせる。 ・日本文教出版のHPにある祇園祭・能・狂言の動画を視聴し、見たことがない児童にもイメージをつかませる。

時	主な学習内容	指導上の留意点
4	・水墨画を完成させた雪舟がどのような人物か調べる。 （芸能民の視点）	・現代の水墨画で描かれたアニメのキャラクターをいくつか見せる。そして、描き方の共通点を探させることで、墨で描かれた絵であることに気付かせる。墨で描かれた絵が水墨画と呼ばれている日本の伝統文化であるということを理解させ、学習への意欲を高める。 ・NHK for School の雪舟の動画を視聴し、雪舟の生涯や水墨画について調べる。
5	・鎌倉時代や室町時代を生きた人々の暮らしについて調べる。 （民衆の視点）	・「団結する村の人々」の資料から、みんなで話し合い団結している様子、民衆の中に自立の意識が生まれたことを捉えさせる。 ・武士、民衆、芸能民の視点から室町時代の文化をまとめさせる。
6〜8	・調べたり学んだ内容をもとに、プロジェクトを作成する。 ・発表する。	・GoogleEarth の使用方法については、❸ ICT 活用のポイント参照。 ・能・水墨画・生け花に関係する場所も調べさせる。

【参考文献】井出祐史「小6社会「今に伝わる室町文化」指導アイデア」
(https://kyoiku.sho.jp/97235/　2022年6月11日最終閲覧)

現代の日本の生活では、水墨画に出会う機会はそう多くはない。そこで、「水墨画アニメ」と検索すると、現代の水墨画の絵師が、水墨画で描いたアニメのキャラクターがネット上にいくつもアップされている。児童にとって身近なアニメのキャラクターが、水墨画で描かれている事実を知ることで、水墨画との距離がぐっと近くなる。児童にとって身近な例を取り上げることで、室町文化と今日の生活文化とのつながりを感じさせたい。

❻ 戦国の世から天下統一へ

様々な立場から
信長と秀吉を評価する

「天下統一を目指した信長と秀吉は英雄か？」を考える

執筆者：岩瀬寛弥

❶ 特徴 —— 複数の異なる立場から人物を評価する学習構成 ——

　織田信長と豊臣秀吉は多くの児童が知っていて、好きな歴史上の人物でも上位に入る英雄です。ここでは、二人の功績を調べながら、争いのない「平和」な社会を目指したことを学びます。例えば、信長の楽市楽座により自由な商売が保障され、秀吉の検地と刀狩により百姓の争いが減ったことで「平和」な社会になりました。教科書や資料集に掲載されている年表を見てみましょう。

　年表をよく見ると天下統一の過程で犠牲になった人々がいることに気が付きます。年表の中の矢印のところを見てください。1571年に信長は自らに逆らう延暦寺やその関係者に、残虐な行為をしました。秀吉も、天下統一後に朝鮮出兵を行い、この出兵によって戦争とは無関係の人々にまで想像を絶する殺戮や強制連行が行われました。

　このように、二人が戦国の世に果たした大きな功績を調べた上で、その過程に課題はなかったかを当時の人々の視点から考え、総合的に評価させることで学びが深まります。

　ヨーロッパ人・商人・仏教徒・百姓・朝鮮の人々など複数の立場から信長と秀吉を評価することで、それぞれの出来事が、誰にとってどのような影響があったのかを考えてみましょう。

織田信長

年令 (才)		
27	1560	今川氏を破る （桶狭間の戦い）
29	1562	家康と連合する
36	1569	キリスト教をゆるす 堺を支配する
38	1571	延暦寺を焼く ←
40	1573	室町幕府をほろぼす
42	1575	長篠の戦い
43	1576	安土城を築く
44	1577	安土城下で 楽市・楽座を行う
49	1582	明智光秀に おそわれ自害する

織田信長の年表 （東京書籍）

❷ 資料の作り方

　①「なぜ行ったのか？」、②「○○にとってどのような影響が？」の二つの視点から教科書や資料集の年表や資料を読み取ることが大切です。例えば、「なぜ、楽市楽座を行ったのか？」「楽市楽座によって商人たちにどのような影響があったか？」と問うことで、信長の政策について、当時の商人の立場から理解を深めることができます。以下の表を教材研究の参考にしてください。

	楽市楽座	城下町の発展のために自由な商売を認めた。戦国の争いの影響を受けない「平和」な市が保障された。
織田信長	延暦寺を焼く	仏教勢力の頂点だったが、抵抗したため信長は焼き尽くし、僧に限らず老若男女 3000 〜 4000 人を殺戮した。
豊臣秀吉	検地と刀狩	検地帳に書かれた者が「百姓」とされ、刀狩で百姓の武器を奪う。身分が区別され、百姓の争いが減る。
	朝鮮出兵	朝鮮に 15 万の軍を送る。朝鮮人の殺戮・強制連行や、戦功の証としての老若男女の鼻切りも行われた。

❸ ICT 活用のポイント

　本単元で Microsoft OneNote を使うと、単元末の討論に向けて「協働的な学び」の助けとなります。Microsoft Teams で OneNote をタブに追加し、教師があらかじめ信長と秀吉の行ったことを表にして考えを書けるようにしておくことで、友達と同じノートにリアルタイムで調べた内容を書くことができるからです。グループごとに調べた内容が共有されることで、友達が調べたことをどのようにまとめたのかがわかるだけでなく、調べたことをまとめるのが苦手な児童も、事後に調べた結果を参照することができるよさがあります。

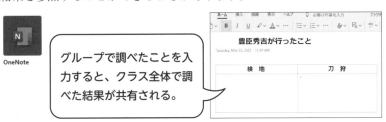

グループで調べたことを入力すると、クラス全体で調べた結果が共有される。

❹ 単元の展開例〈6時間扱い〉

時	主な学習内容	指導上の留意点
1	・長篠の戦いのころの世の中の様子を調べ、織田信長と豊臣秀吉が行ったことについて調べるための学習問題をつくる。	・信長と秀吉が「好きな歴史上の人物ランキング」の上位であることを確認し、「何をした人なのだろう」という問いを設定する。 ・長篠合戦図屏風を読み取り、信長と家来の秀吉が多くの鉄砲を使って勝利したことをつかませ、「武力で無理やり武田氏の土地を奪っているのに、なぜ今も人気なのか？」と疑問をもたせ、学習問題をつくっていく。
	【学習問題】今も人気の信長と秀吉は、当時の人々にとってもヒーローだったのか？	
2	・ヨーロッパ人の来航が日本にどのような影響を与えたか調べる。 宣教師と信長	・「当時のヨーロッパ人にとって信長はヒーローだったか」という問いを設定し、キリスト教の布教や南蛮貿易の様子を捉えさせる。 ・信長の年表やキリスト教伝来の地図を読み取り、ザビエルが伝えたキリスト教が信長の保護により広まったことを考えさせる。 ・教科書や資料集を使い、信長が南蛮貿易で栄えた堺を支配したために、長篠の戦いで大量の鉄砲を持っていたことを捉えさせる。
3	・織田信長が天下統一に向けて行ったことを調べ、楽市楽座によって何が変わったのかを考える。	・教科書や資料集、NHK for School を使って織田信長が行ったことを調べ、戦国の世を統一しようとしていたことを捉えさせる。 ・楽市楽座によって、争いのない「平和」な市を信長が保障し、商人や職人なら誰でも自由な商売が許されたことを捉えさせる。

時	主な学習内容	指導上の留意点
4	・豊臣秀吉が天下統一に向けて行ったことを調べ、検地と刀狩によって何が変わったのかを考える。	・教科書や資料集、NHK for School を使って豊臣秀吉が行ったことを調べ、戦国の世の統一をなしとげたことを捉えさせる。 ・検地や刀狩によって、武士と百姓の身分が区別され、百姓が農業や漁業に専念することで争いが減ったことを捉えさせる。
5	・織田信長と豊臣秀吉の行ったことの評価について、犠牲になった人々の視点から考える。 本当にヒーロー？	・年表を使い、信長が延暦寺を焼いたことと秀吉が二度の朝鮮出兵をしたことを読み取る。 ・聖徳太子以来、仏教が大切にされてきたことを想起させ、「仏教の世界で一番力をもっていた延暦寺を焼き、人々を殺した信長を、仏教を信じる人々はどう思ったか」を考えさせる。 ・年表を使い、天下統一で「平和」になった年を確認し、「天下統一後、朝鮮出兵を命じた秀吉を、朝鮮に派遣された人々や被害に遭った朝鮮の人々はどう思ったか」を考えさせる。
6	・調べてきたことを基に、学習問題について話し合う。	・OneNote でまとめてきたことを基に、学習問題について、司会とパネラーを選んで、パネルディスカッションを行う。 ・二人の年表の出来事を見ながら、誰にとってどんな影響があったかを発表させる。

Point わかる教え方　第5時では信長の延暦寺焼き討ちを扱う。信長は仏教嫌いというより、誰であっても自らに抵抗する勢力を根絶やしにする性格であった。今と違って当時の仏教勢力は武装し、それほどまでに力をもっていた。また、秀吉は全国統一を果たし「平和」を築いたが、朝鮮へ「侵略」する。戦国の日本では殺害や鼻切りは行われていたが、その「文化」を共有しない他国である朝鮮の人々の目には極めて残虐に映ったであろう。

⑦ 武士による政治の安定

「政治の安定」までの道のりを追究し続ける

265年続いた江戸幕府の仕組みを捉える

執筆者：土岐友哉

❶ 特徴 ― 政治の安定の秘密を探ろう ―

（1）武士による政治が安定していたことを理解

　この単元では「政治の安定」がキーワードです。265年間続いた江戸幕府。なぜここまで長く続いたのでしょうか。それは他の時代に比べ政治が安定し、争いがなかったからです。では、どのようにして幕府が安定した政治を築いていったのか、単元を通して追究してし続けることで、長く続いた江戸幕府についての理解が深まります。

武家諸法度　参勤交代
身分制　鎖国
キリスト教の禁止など
↓
政治の安定
↓
戦がない

265年続いた江戸幕府

（2）幕府を安定させるために行った具体的な事例を

　本単元では、幕府の政治を安定させるために行った具体的事例を取り扱うことが有効です。例えば、3代目将軍徳川家光が完成させた「鎖国」では、出島の大きさに着目させて学習展開を行います。「学校の大きさとほぼ変わらない出島に限定して、貿易をしたのか」と問いを生むことで、家光が幕府を安定させるために、情報を統制させたい思いに気付かせていきます。他にも「大名行列」や「絵踏み」など具体的な社会的事象の意味を考えていくことで、長く続いた江戸幕府の秘密を捉えていくようにしていきます。

なぜ家光はこんなに狭い出島に限定して貿易をしたの？

キリスト教禁止
キリスト教が入ってこないように取り締まり

情報統制
幕府の力を強化

貿易の独占
新しい情報や文化をすべて幕府のものに

出島を例に取り上げた板書

❷ 資料の作り方

265年間の長さを実感する

「265年」と数字だけではイメージが湧きにくいので、年表が有効的です。他の時代と比較することで視覚的にも「長い」という実感が生まれます。歴史学習に取り組む前に、教室に帯状の年表を掲示しておくことで、子どもたちは時代の長さの感覚を日常的に身に付けることができます。

参勤交代の行列の長さを実感する

参勤交代の行列の長さが実感できるように、資料を拡大したり、巻き物のようにつなぎ合わせ掲示したりと、「長さ＝大名の権力」が見える工夫が有効です。

資料から、何を持っている人が、何人いるのかなど具体的に考えさせたいです。なぜ、ここまでして参勤交代をするのかと問いが生まれてきます。

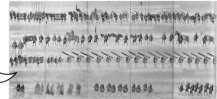

石川県立歴史博物館 蔵

❸ ICT活用のポイント

紙の教科書で本単元の資料（図）を見てみると、細かいところまで読み取りにくいところがあります。そこで有効なのがデジタル教科書。例えば、出島が描かれた寛文長崎図屏風ではルーズで見るとわかりにくいところがありますが、アップで見てみるとオランダや中国の国旗が描かれていることに気付き、「唯一日本と交易があった国だ」とつなげて考えることができます。デジタル教科書で資料を見ることで、子どもたちは今まで気付くことができなかった発見をし、資料を見る目を鍛えることができます。

長崎県立歴史文化博物館 蔵

デジタル教科書で拡大

オランダの国旗が描かれていることがわかり、鎖国の中でも交易があったことと結び付きます。

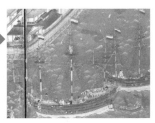

❹ 単元の展開例〈6時間扱い〉

時	主な学習内容	指導上の留意点
1	・江戸幕府が265年続いた理由を「主な大名の配置」の資料を基に調べ、単元の学習問題をつくる。	・年表を使って、江戸時代が265年続いたことを調べることで、江戸時代の長さを実感できるようにする。 ・大名の配置の工夫を考えることで、幕府の力が高まる工夫を追究できるようにする。
	【学習問題】265年続いた江戸幕府は、どのようにして力を強め政治を安定させようとしたのだろう。	
2	・徳川家光がとった江戸幕府を安定させるための政治について調べる。	・NHK for School の動画を使って、武家諸法度の仕組みについて調べ、江戸幕府と大名がどのような関係かを考える。 学習動画サイト 家光はどのように江戸幕府を安定させたのかな？
3	・参勤交代の制度などを調べ、幕府が大名支配のために行った政策について調べる。	・加賀藩の参勤交代図を読み取り、「多くの人」「多大な費用」がかかったことを実感させる。そこから、江戸幕府はなぜ、わざわざ大名に参勤交代をさせたのかを考える。 江戸幕府はなぜ大名に参勤交代をさせたの？ お金を使う：・多大な費用・労力の負担　権力の安定　力を与えない：・逆らえない・将軍への服従

時	主な学習内容	指導上の留意点
4	・江戸時代の身分ごとの人口の割合から、江戸幕府がどのように百姓や町人を支配したのか調べる。	・様々な身分について、資料を基にスクールタクトなどを活用し、まとめる。
5	・キリスト教の禁止や鎖国について調べ、それらの政策による社会への影響を考える。	・絵踏みの資料から、なぜここまでしてキリスト教を禁止したのか考える。 江戸幕府はなぜキリスト教を禁止したの？ ・Google Earth を活用することで、島原・天草一揆が起こった場所や、出島の位置や大きさを実感することができる。
6	・学習問題について調べたことを整理する。	・Google スライドやオクリンクを活用して「江戸幕府の政治の安定」をキーワードにその理由をまとめる。

（第4時）

江戸時代の人々はどのように暮らしていたの？

身分ごとに構成

武士	**職人**
・帯刀し、警備など	・大工などものつくり
百姓	**商人**
・農作物などつくる	・商売を行う

（第6時）

政治の安定

武士へのルール	**身分の構成**
参勤交代	**キリスト教禁止**

Point わかる教え方 **子どもたちが参勤交代をやってみる??**

参勤交代を実感するために、実際に「大名行列」を子どもたちが取り組んでみることが効果的である。「大名役」「家来」「大名行列を見ている人」などに立場を分けることで、「もっと、大名行列を長く見せたい」など、権力を大きく見せたい大名の気持ちや費用がかかることが実感できる。体験的な活動をすることで、意味理解を伴う学びにつながる。

第3章

⑧ 町人の文化　新しい学問

町人から生まれた文化や学問を捉える

平和で安定した時代だからこそ生まれた文化や学問

執筆者：土岐友哉

❶ 特徴 ― 町人の文化が栄え新しい文化が起こった ―

（1）平和だからこそ新しい文化が生まれた

　町人から文化が生まれるということは、戦がなく社会が安定していた証拠です。特に江戸時代後半は現在でも人気のある歌舞伎など多くの文化が栄えました。また、国学など新しい学問が広がったことが、次第に幕府や藩に反対する人々の考え方に結び付き、江戸幕府終結へとつながったことも捉えていきたいです。

戦がない安定した時代だからこそ

⬇

人々に余暇が生まれる

浮世絵　歌舞伎
医学　国学　寺子屋

次第に幕府への不満も

（2）現在の流行を例に出すことで「文化」を身近に捉える

　「令和の時代の文化（人気があるもの）は何か」と子どもたちに聞いたら、スマホ、ゲーム、アニメなど多岐にわたると予想されます。江戸時代後半に生まれた文化も、浮世絵や歌舞伎など、その時代に流行したものです。現代も江戸時代後半も共通しているのは「争いのない平和な時代」ということです。平和だからこそ、生活に余裕が生まれ、新しい文化や学問が生まれました。単元の導入では、現代の流行例を出すことで「文化」の意味を実感し、江戸時代後半に生まれた町人文化を学ぶことで、より考えやすくなります。

江戸時代後半に流行していたことは？
今と比べてみよう

江戸時代	平和↓時間がある	今
・歌舞伎		・ゲーム
・浮世絵		・スマホ
・人形浄瑠璃		・アニメ

❷ 資料の作り方

浮世絵を体験する

　浮世絵は多色刷りの版画として大量に刷られました。「絵師」「彫師」「摺師」の分業体制で作られていたそうです。図工の時間を使って子どもたちにも分業して浮世絵作りに取り組んだり、完成した絵を購入する町人役になったりと、当時の人々の気持ちを実感できる体験的な学びに取り組むことも効果的です。

グラフをマスキングする

　例えば、百姓一揆が起こったグラフを提示するときにも、全ての情報を見せるのではなく、一部分を見せることで、子どもたちに「変化」に着目させたいです。なぜ増えたのか、減ったのか「問い」が生まれるきっかけとなります。

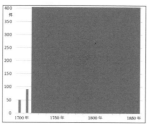

マスキングをすることで
変化を捉えさせます。

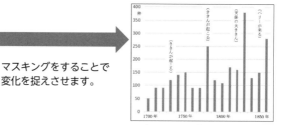

江戸時代の百姓一揆の数の変化　　　　　　　　　　　　なぜ、百姓一揆が増えたのだろう？

❸ ICT 活用のポイント

　「人物」と「したこと」を Google スライドなどでまとめ、クイズ形式にして子どもたち同士で問題を出し合うなど、楽しく学べる工夫があります。

スライド作成

子ども同士、クイズ形式で
作成しても面白いです。

❹ 単元の展開例〈5時間扱い〉

時	主な学習内容	指導上の留意点
1	・当時の江戸のまちの様子から、単元の学習問題をつくる。	・Jamboard を使い、当時の江戸のまちの様子についてキーワードを挙げて、共有する。 にぎやか　　平和　　商売が盛ん
	【学習問題】江戸時代後半には、どのような新しい文化や学問が広がり、どのように社会に広がったのかな。	
2	・近松門左衛門や歌川広重の活躍の様子を調べ、歌舞伎や浮世絵が人々にどのように親しまれたのか考える。	・NHK for School の動画を使って、江戸時代の町人文化の様子を調べ、当時の人々にどのように親しまれていたか考える。　　学習動画サイト 歌舞伎や浮世絵は、どのように親しまれたの？ ・戦がない平和な時代だったからこそ、人々の楽しみが増えたことを捉える。
3	・杉田玄白や伊能忠敬らが蘭学を学ぶことによる社会の影響について調べる。	・『解体新書』の翻訳の際の苦労などから、なぜそこまでして出版するのか捉える。 ・人の努力から当時の思いを考える。 なぜ、杉田玄白は『解体新書』を 11 回も書き改めたの？ **より正確に** ・正しい医学を ・苦しむ人のため **医学の発展** ・知識を伝えたい ・日本のために

時	主な学習内容	指導上の留意点
4	・国学の広がりや幕府への不満が高まり、各地で幕府を批判する人が出てきたことを考える。	・本居宣長の営みから国学がどのような学問なのかを考える。 ・国学が社会に大きな影響を与え、江戸幕府に反対する考えや行動（百姓一揆など）に結び付いたことを捉える。　学習動画サイト
5	・学習問題について調べたことを整理する。	・Google スライドやオクリンクなどを活用して江戸時代後半に活躍した文化人についてまとめ、発表をする。

なぜ、江戸時代の後半に百姓一揆が増えたの？

物価の上昇	幕府への不満	考え方の変化
・大きな飢饉 ・食べ物不足		・幕府は守ってくれない

近松門左衛門	歌川広重
杉田玄白	伊能忠敬
前野良沢	本居宣長

Google
スライド

わかる教え方 **寺子屋が増えたということは…**

江戸時代後半（特に幕末）は寺子屋が急激に増え、全国へ広がった。戦がない平和な時代だったからこそ、町民などにも「教育」に力を入れることができたと考えられる。「なぜ、江戸時代後半に寺子屋が増えたのか」と問うことで当時の時代背景についての理解や、この後の明治維新（学制）への伏線にもつながる。

第3章

⑨ 明治の新しい国づくり

幕末から開国、近代国家への変化を捉える
二つの時代と二つの立場を明らかにして

執筆者：佐藤一幸

❶ 特徴 ― 中心人物にスポットを当てて捉える ―

　近年は江戸期についての研究が進み、その成果も一般化してきましたが、開国当時の幕府は決して無能などではなく、日米交渉では切れ者の幕府役人がペリーやハリスらと堂々と渡り合い、通商条約には「居留地」「行動制限」規定を盛り込ませるなど、日本を守る要求もしっかり飲ませています。また、その後の幕政改革も、将来の日本近代化に向けて進められているのです。

　残念ながら、新しい研究成果はなかなか教科書に反映されませんが、薩長・新政府だけでなく、幕府の立場からも歴史を捉えることで見方が多角的となります。そこから議論が生まれ、授業もより豊かで楽しいものになるでしょう。

　なお、次の単元以降に関わることですが、岩倉使節団は植民地をもつ帝国主義国だけではなく、「豊かな小国」も目標に入れて視察していました（こうした指導者からの「ブースター情報」は、時に授業を活性化させます）。

　さて、時代も近代になると人物がたくさん出てきて事象も複雑、子どもたちは困惑しがちです。ですから、主要な人物に絞って注目させ、これを手がかりに全体の流れを捉えさせたいものです。同時に、学習の中に子どもたちの動きを取り入れながら、より深く考えさせたいですね。

　具体的には、教師や児童が「ホットシーティング」の主人公となったり、グループで対象人物を交代して互いにインタビューしたりして、対話を行いながら進めるとよいでしょう。尋ねられた子は、答えに困ると必然的に情報を取り入れなくてはなりません！　その人物の立場でも考えることができ、主体的に協働しながら楽しく学習できます。

❷ 資料の作り方

　子どもたちには社会科の視点として、一般的な「ひと・こと・もの」に加え、やや俗っぽいですが、「かね・よく（欲）・てん・ち（自然・地理）」に注意するといいよ、と話しています。資料を作成、使用する際も、同様の視点を入れると思考を広げやすくなります。

　動画資料については、NHK for School など、よくまとまっているものがあり、便利で多用できます（ただし一部には「信長の鉄砲三段撃ち」など、今では否定されている内容もあるので注意してください）。

　実物資料として「地券」は比較的手に入りやすい資料で、多くの情報を含んでいます。また、貿易品目の資料としては、生糸の「繭」は化粧品店や百均ショップ、「綿花」は花店等で手に入ることがあります。資料は画像や疑似的なものでもいいですが、できれば少しでも実物に触れさせたいですね。

❸ ICT 活用のポイント

　「フカボリータイム」と称して数単元ごとに、既習内容から児童が深掘りしたいテーマを決めて調べ、発表・討議させています（写真は発表場面）。その際、児童の多くは、PowerPoint、Google Slides などを使い、個人や共同作業（編集）で発表資料を作成します。

　また、学ぶ時代が近世末ということでは、Google Earth を使って、各地の「台場」や二条城、江戸城などを探検させてもよいでしょう。意見交流、集約場面では、Google Document や Jamboard、Teams、ミライシード（オクリンク）などを使います。ほかに、Microsoft Forms、Google Foams等では、賛否判断の投票やアンケートとして利用できるので、意見の可視化をするなど学習の内容や状況に応じて活用できます。

❹ 単元の展開例〈7時間扱い〉

時	主な学習内容	指導上の留意点
1	・幕末と明治初頭の絵画資料から疑問を出し合い、学習問題をつくる。	・教科書の大政奉還の絵画資料から、江戸幕府が終焉を迎えていることに気付かせる。 ・幕末の江戸と、明治初期の錦絵を比べて変化を見つけさせる。
	【学習問題】・なぜ、江戸時代が終わったのだろう。 　　　　　　・明治の国づくりは、どのように進められたのだろう。	
2	・大塩平八郎の乱を調べることを通して、当時の社会や政治状況を考える。	・NHK for School の動画から、乱の概略をつかませる。 ・天候の不順から、天保の飢饉があったことや、打ちこわしが増えたことを押さえる。 ・大塩平八郎役に質問し、話し合わせる。
3	・ペリー来航への幕府の対応と日米和親条約・通商条約について調べる。	・教師がペリー役になり、質問を受ける。 ・幕府が開国を拒否した場合を考えさせる。 ・通商条約締結までの状況を捉え、条文には、居留地等の規定があったことについて、意味を考えさせる（出島を例にするとよい）。
4	・薩長勢力が、なぜ幕府を倒そうとしたのか考える。	・NHK for School の動画（「歴史にドキリ」「勝海舟」等）から、状況の概略をつかませる。 ・薩長、幕府、双方の立場から、幕政を存続すべきか廃止すべきかを話し合わせる。 ・その後の戊辰戦争について触れておく（必要な戦いだったか、考えさせてもよい）。

時	主な学習内容	指導上の留意点
5	・五か条の御誓文から始まる、新政府の基本的な政策について調べる（明治維新）。	・五か条の御誓文の意味を話し合わせる。 ・版籍奉還とはどのようなことか、廃藩置県後はどうなったのか、話し合わせる（自分の地元では何という藩（天領他）であったか確認）。 ・解放令とその実際、北海道（開拓・アイヌ民族）、沖縄（琉球処分・併合）について調べさせる。
6	・明治政府はどのような国を目指したのか考える。	・富国強兵については、富国（殖産興業、地租改正）と強兵（徴兵令）に整理して考えさせる。 ・明治政府はなぜ、富国強兵の国を目指したのか考え、話し合わせる。 ・地券の内容と江戸時代の負担と比べさせる。 ・岩倉使節団は、条約改正交渉を行ったが失敗したことを伝え、理由を考えさせてもよい。
7	・文明開化と暮らしや学校について調べる。 ・単元の学習をまとめる。	・牛鍋（すき焼き）など、今に続く身近な食べ物から、他の事物を調べさせる。 ・福沢諭吉の考えや、明治の学校について調べさせる（就学率が低かった理由など）。 ・幕末と明治初頭では、政治の担い手や仕組みが、全く変わることを確認する。

わかる教え方 Point

時間にゆとりがあれば、「実はね～、幕府には…」と幕府官僚を登場させると、児童の見方も広がり興味も増すだろう。例えば、岩瀬忠震は有能な外交官で、五か国条約すべての交渉役であった。小栗忠順は、開国後の財政改革や製鉄所・造船所整備など様々な近代化を進め、その多くは新政府の事業に引き継がれている。

⑩ 国力の充実を目指す日本と国際社会

不平等条約改正から
近代日本を考える

韓国併合と日清・日露戦争の意味を明らかにして

執筆者：佐藤一幸

❶ 特徴 ― 絵画資料を活用し演劇化で考える ―

　この単元で整理しておきたいポイントは、明治政府の最大の目標が、欧米諸国に認められる形での「国際的地位向上」によって、不平等条約の改正を果たし、「半独立状態」を解消することであり、そのために近代化や国力の充実と韓国（朝鮮）の植民地化が図られた、ということでしょう。

　富国強兵と殖産興業は、その実現に向けた目標と政策であり、日清・日露戦争は、植民地獲得の手段なのです。こうした中心的事象と他の事柄の扱いは、学習順序や内容の軽重を考えるとともにICT機能を駆使し、子どもたちへの視覚的効果も考えながら進めることが大切です。

　なお韓国併合と条約改正後は、日露戦争で得た権益と中国（満州）への勢力の拡大が続きますが、この動きは満州事変、日中戦争へとつながっていきます。

　またこの単元では、教科書に事の本質を示す風刺画が多用されています。画中の人物に合わせ、子どもたちや指導者がそれぞれ役割分担をして演技者となり、フロアと台詞を考えながらやりとりすると、曖昧だった事実関係がはっきりとして捉えやすくなります。単元の終末では、教科書に併合後の朝鮮（韓国）の様子が示されますが、朝鮮の人々の立場で語ることも大切です。

　ところで、日本政府としての日清・日露戦争の主な目的が、各社教科書の講和条件記述部分だけでは捉えにくいことがあります。韓国の「独立」（実質的に日本への帰属）は、実際の両講和条約の条文でもトップ項目に謳われていることに着目させたいですね。

❷ 資料の作り方

　生の資料として使いやすいのは、神社や寺などにある「日清日露戦役記念」等と書かれた石碑です。学級全員で探検できればよいですが、子どもたちが自ら調べて画像を共有するのもよいでしょう。また、教科書には、両戦争を数値で比較できる資料が掲載されています。特に日露戦争の規模や被害の大きさは、日清戦争のそれと比較させたいです。その際、後の世界大戦などと違い主要兵器が銃や大砲であったことと、当時の日本の人口などを示して考えさせるとよいでしょう。

　また、人的損害を考えるときの情意、数値資料の見方として、その多寡ではなく「死傷者が一人でもいれば、そこには家族や友人の大きな悲しみが生じる」ということも確認しておきたいです。

❸ ICT 活用のポイント

　タブレットなどを使い、日清講和条約（下関条約）、日露講和条約（ポーツマス条約）の条文を検索、閲覧させると、本物の雰囲気が伝わってきます。そこには、伊藤、陸奥、小村など既習人物の署名もあり、子どもたちの興味も湧くでしょう（指定のリンクを送るとよい場合があります）。

　Google Earth を使っては、まずリャオトン半島先端の特徴的な地形を示してから旅順港を探させ、そこから半島全体、朝鮮半島をうかがうこともできます。同様に、戦争で得た「新領土」を探検させ、画像にしてから該当箇所を着色させることなどでも理解が深まります。また、Google Document の共同編集機能などを使い、グループで年表を作成させると、作業と話し合いが同時に行え、事実関係をより把握することができます（図は配布ファイル例）。

条約改正と日清・日露戦争の年表をつくろう
班

時代・年	何年前？	できごと
1858年		各国と修好通商条約を結ぶ
1868年		明治維新が始まる
1871年		岩倉使節団が欧米にわたる
1883年		鹿鳴館ができる
1886年		ノルマントン号事件がおこる
1889年		大日本帝国憲法が発布される
1890年		第1回帝国議会が開かれる
1894年		領事裁判権の廃止　日清戦争がおこる
1902年		日英同盟を結ぶ
1904年		日露戦争がおこる
1910年		韓国併合
1911年		関税自主権を回復する（条約改正の成功）

❹ 単元の展開例〈10時間扱い〉

時	主な学習内容	指導上の留意点
1	・日清・日露戦争の画像資料等から、学習問題をつくる。	・日清戦争、日露戦争の様子がわかる画像資料や石碑などを示し、状況を考えさせる。
	【学習問題】日本はなぜ、中国(清)やロシアと戦ったのだろう。	
		・国際的地位向上に関連していることを、話し合いをしながら予想させ、これから調べていく内容を確認する。
2	・鹿鳴館や製糸工場の資料から、当時の様子とねらいについて考える。	・教科書の鹿鳴館絵画資料を示し、存在した場所を調べ、目的を考えさせる（演劇化可）。 ・なぜ紡績を盛んにしたのか考えさせる（教科書の貿易品グラフを示す）。
3	・自由民権運動と大日本帝国憲法について調べる。	・自由民権運動が、なぜ起きたのか考えさせる。 ・政府にとって、憲法や議会はどのような存在と考えられていたのか、話し合わせる。 ・大日本帝国憲法と日本国憲法とを比べさせる。
4	・第1回衆議院議員選挙と国会開設について調べる。	・第1回総選挙の画像資料から当時の様子を想像し、人物の台詞として表現させる。 ・当時選出の地元代議士を調べさせる。
5	・ノルマントン号事件と不平等条約について調べ話し合う。	・欧米諸国が、①治外法権放棄と②関税自主権を認めるとしたら、①②のどちらが先かを考えさせ、児童の認識を深める（日本にとってはどちらも重要だが）。 ・不平等条約のもつ直接的不利益と国際的な意味（半独立国であること）を押さえる。

時	主な学習内容	指導上の留意点
6	・日清戦争と日露戦争を比べながら内容を詳しく調べる。	・それぞれの主な戦場が、どこなのか確かめる。 ・地図資料や講和条約の内容から、二つの戦争で日本が何をねらっているのか話し合わせる（演劇化）。 ・二つの戦争をデータで比較させる。
7	・日露戦争後と世界の様子を調べ、学習問題のまとめをする。	・中心事象を年表に整理し、韓国併合の意味について話し合わせる。 ・日本が条約改正のために韓国を植民地にしようとしたことについて話し合わせる（意見集約機能活用）。
8	・明治期からの産業の発展と人々の暮らしを調べる。	・賠償金で建設した八幡製鉄所の鉄で軍備を増強し、紡績（生糸）で外貨を稼いだこと、また産業の発展と足尾銅山に代表される公害は、現在につながっていることなどを押さえる（渡良瀬遊水池など検索）。
9	・大正期に人権保障を訴えてきた人々と関東大震災を調べる。	・江戸時代に厳しく差別されてきた人々は、解放令が出されても、差別はなくならなかったことに触れる。また、関東大震災での中国人朝鮮人の殺害事件はなぜ起きたか、日清戦争、韓国併合後の両国人への日本人の意識変化から考えさせる。
10	・世界で活躍した人物を調べる。	・明治から大正にかけて活躍した、北里柴三郎、野口英世、津田梅子について、グループでそれぞれ調べ発表させる（簡単なスライドを作成してもよい）。

わかる教え方 この時代の事実関係を年表で整理すると、児童らは、条約改正と日清・日露戦争、韓国併合の動きが、見事にリンクしていることに気付く。条約改正に関連する、国会開設、憲法制定など重要事項も多いが、中心事象を構造的に捉え、歴史の流れを大まかにつかむことが大切である。謎解きのおもしろさを感じさせながら、どの時代においても、事実関係から本質を捉えようとする見方や考え方を身に付けさせたい（ICT活用のポイント参照）。

11 アジア・太平洋に広がる戦争

満州事変から 二つの大戦争を考える

アジアからの視点で、国際関係を押さえながら

執筆者：佐藤一幸

❶ 特徴 ─ 歴史の重大事件を整理・可視化して考える ─

　この単元では指導者の認識として、アジアと太平洋を舞台に国際関係が複雑に絡み合う状況と、明治維新以来日本が歩んできた条約改正と近代化の道が、国民はもちろんのことアジア・太平洋の人々に多大な犠牲を強いながら「大日本帝国」の崩壊という形で終わりを迎える、という大筋を押さえておくことが大切です。

　子どもたちには、これらの戦争がなぜ起き、原因は何であるのか、事実を遡りながら予想をし、資料を根拠に考えさせるとよいでしょう。このような思考過程は、歴史事象を構造的に捉える見方を育てることにつながります。

　さらに学習を進める中で、現在の世界情勢と関連付けながら、日本社会が平和であることの意味を考えさせ、これからも戦争につながるものを忌避し、平和を尊重していこうとする態度を培うことがとても大切です。

　実際の授業では、国際関係について、年表や画像資料などを用いながら板書やICT機器で整理していきましょう。この時、国名表示などに加えて、各国首脳の顔写真を付け、出来事の経緯や関係を構造的に示したり、学校生活や現代社会で起きる出来事に例えたりすると、理解しやすくなります。

　学習の終末には、日本近代約80年をまとめます。条約改正のための韓国併合、満州事変につながる二つの戦争などの重大事件、これらを一連の流れとして表示し話し合わせることで、断片的な理解を避けることができます。

　ちなみに、ロシアのウクライナ侵攻を発展学習で扱った時には、満州事変を起こした日本の姿と重なる、といった意見が多く出されました。

❷ 資料の作り方

　教科書資料や検索した画像資料を中心に、実物かそれに近い資料があると児童が興味をもつとともに、時間と空間の感覚的距離を縮めることができます。これらを、拡大や部分提示をしながら効果的に使用します。

　この時代の実物資料例として、身近な墓地にある兵士の墓が挙げられます。そこには、戦地や戦死状況のわかる記事があるので、個人情報に配慮して利用させていただきましょう。また、軍用手票（軍票）は、画像はもとより、ネットなどで実物が比較的容易に手に入る資料です。日本語と現地語の交じるその不思議な内容から児童の関心が高く、謎を解く意欲も高まります。

　「満州国国歌」は、YouTube で聞くことができます。国旗と併せて導入などに使えますね。終戦時の学習では、音声資料としての「玉音放送」と「終戦の詔書」を使えます（宮内庁 HP など）。「詔書」には、難解ですが当時の政府の考え方や時代の雰囲気がよく表れています。地域に残る軍事施設などの戦争遺跡は、自治体の HP や個人のブログなどでも紹介されています。

❸ ICT 活用のポイント

　この単元では、学習の舞台が世界に大きく広がることを踏まえて、地図や写真に加え、Google Earth を利用することで、戦域などを捉えてイメージすることができます。Street View 機能や写真情報では、各地の様子を具体的に知ることもできます。

　また、関係する統計データを子どもたちに与えて、Excel 等でグラフ化させると、「自作の資料」を作ることができます。学習感想を、Teams 等への投稿とコメントを記入することで互いの考えを知り、意見交換することで学びの深まりが期待できます。

　戦争体験者や専門家へのインタビューを行う場合は、Zoom 等の会議システムを使うと、子どもたちの集中度が高まるだけでなく、双方ともに負担が少なくてすむので、おすすめです。

❹ 単元の展開例〈 8時間扱い〉

時	主な学習内容	指導上の留意点
1	・真珠湾攻撃、マレー侵攻の様子を伝える画像資料から疑問点を出し合い、学習問題をつくる。	・教科書の真珠湾攻撃とマレー半島侵攻の図を提示し、疑問点を出させる。 ・ハワイ真珠湾は、軍港（軍事基地）があるが、マレーやシンガポールの先には何があるのか考えさせる（教科書の資源地図）。
	【学習問題】日本はなぜ、アメリカやイギリスなどの国と戦いを始めたのだろう。	
		・当時の日本の人々は、開戦をどう捉えたのか考えさせる（多くが熱烈に歓迎した）。
2	・第一次大戦後の日本の状況や、満州事変について調べる。	・日本にも大不況が起きたことを押さえる。 ・戦域を表した地図からその広がりを考え、戦いの始まりが日中戦争や満州事変へと遡っていくことに気付かせる。 ・満州事変は、日本が傀儡国家「満州国」をつくるために起こしたものであり、それは、資源獲得と日清・日露戦争で得た満州権益拡大のためであったこと、満州国は実質的な植民地であることを押さえる。
3	・日中戦争が拡大し、さらに太平洋戦争（アジア太平洋戦争）へとつながる様子を調べる。	・日本は日中戦争を終結できないまま、中国を支援する米英との対立が強まり、資源を求めて戦いを始めたことを押さえる（国際関係を板書で整理する）。 ・南京事件など、中国大陸で日本軍が民間人に与えた損害に触れる。

時	主な学習内容	指導上の留意点
4	・占領地での日本軍の行動と国内の様子を調べる。 	・軍票の画像（実物）を示してこれが何かを考え、占領地では、どのようなことが行われたか調べさせる。 ・人手不足を補うため、朝鮮人や中国人が、日本に連行され働かされたことを押さえる。 ・資料集から、国内外の人的被害を比較させる。
5	・戦時中の小中学生や大学生などの様子を調べる。	・敗色が濃くなり、軍事教練、工場動員や学徒出陣、集団疎開に至る状況を、当時の人々はどう考えていたのか話し合わせる。
6	・空襲で都市や沖縄を中心に被害が出ていることを調べる。	・主要都市はもちろん、地方都市でも激しくなった空襲について調べさせる。 ・NHK for School の証言ビデオなどを使って、戦地や本土の体験談から戦時を想像させる。
7	・原爆投下からソ連参戦、敗戦までの流れを調べる。	・ポツダム宣言を、なぜすぐに受諾しなかったかを話し合い、戦争終結の時期と被害の関係を考えさせる。→終戦の詔書、玉音放送 ・終戦後も戦いがあったことに触れておく。
8	・学習を整理し、当時の政府や軍、国民に対して提言を示し交流する。	・満州事変からの15年戦争を整理し、キーワードを示しながら大まかな流れを確認する。 ・互いの提言をタブレット等で共有し、意見交換後、学習感想をまとめる。

Point わかる教え方

その時○○では！ 〜地域の歴史を取り上げると学びが深まる〜本単元の発展では、かつて全国に多数存在していた鉱山の中から弘前市にあった舟打鉱山を、全国の比較事例として神岡鉱山（岐阜県）を扱った。当時の金属鉱山や炭鉱は、戦争の進展と国策によって大増産をしたところが多く、戦争と地域との関連を身近に感じることができる。

12 戦後我が国の民主化と国民生活の向上、国際社会での役割

新しい日本、平和な日本を捉える

戦後、どのようにして日本が変化したのか考える

執筆者：土岐友哉

❶ 特徴 ― 時間の流れと、出来事を捉える ―

（1）戦後の流れを理解する

　この単元はおおむね昭和の時期の学習で身に付ける事項を示しています。戦後どのように日本が民主的な国家として出発し、国民の生活の向上とともに国際的地位が向上したのか、時間を追って進めていくことと、どのような具体的な事例があったのかを捉えることが大切です。

民主的な国家として出発

↓

国民生活の向上

↓

国際的地位の向上

これからの日本

（2）いろいろな視点で日本の変化を捉える

　この単元では戦後から約70年以上たった現在までの間を学習します。大きく変化した時代を「民主的な国家としての出発」「国民生活の向上」「国際社会での役割」の三つの視点で時間や出来事を追って考えていきます。年表や写真を使うことで時代の変化を読み取る手立てとなります。また、出来事としては「日本国憲法の制定」「三種の神器」「オリンピック・パラリンピックの開催」など、時代の変化に伴う大きなターニングポイントとなる社会的事象を取り上げ、その意味を追究することで単元のねらいに迫っていきます。最後には未来の日本についても考えていきたいです。

なぜ高額な洗濯機がたくさん売れたのかな？

より便利に
速く、楽に洗濯ができるよ。大変じゃなくなるよ。

国民生活や社会が発展

時間が生まれる
女性が社会に進出するきっかけとなる。

❷ 資料の作り方

東京オリンピックの最終聖火ランナーから意味を考える

　1964年の東京五輪の最終聖火ランナーは、原爆投下の日に生まれた広島出身の坂井義則さん。復興五輪として世界に発信できた象徴として、授業の中心人物として取り扱うことも効果的です。

複数の写真から読み取る

　単元の導入では戦後から現在までの写真を複数枚見比べることで、「戦後の日本はどのように変わっていったの？」と単元の学習問題をつくることができます。また、そこに写る「人の気持ち」を読み取ることで、当時の人々はどのような気持ちだったのか考えさせたいです。

新宿のまちの様子の変化（戦後〜現在）

出典：新宿大通商店街
　　　『新宿大通り280年史』

出典：一般社団法人
　　　新宿観光振興協会HP

❸ ICT活用のポイント

　時代の変化について写真から気付いたことを、Google Jamboardの付箋機能を使って考えを出し合い、共有すると効果的です。

Jamboardでは、仲間と一緒に作成する「共同編集機能」があります。お互いの学びを共有することもできます。

❹ 単元の展開例〈7時間扱い〉

時	主な学習内容	指導上の留意点
1	・まちの様子の変化から、単元の学習問題をつくる。	・時代ごとのまちの様子（定点）の写真を見せ、気付いたことを Jamboard などで共有する。 焼野原　▶　たくさんの人・ビル 【学習問題】戦後の日本は、どのように変わっていったの？
2	・戦後改革の年表や写真を用いて、日本で行われた改革や、どのように社会が変化したのか調べる。	・資料を基に、日本の戦後改革について調べる。 戦後、日本ではどのような改革があったのかな？ 軍隊解散　農地改革　女性参政
3	・日本がどのように国際社会に復帰したのか、産業を発展させたか、調べる。	・サンフランシスコ平和条約の様子や家電製品の普及の様子のグラフから、日本の国際社会への復帰や、産業の発展について考える。 学習動画サイト 日本は、どのようにして国際社会に復帰したの？
4	・東京オリンピックやパラリンピックがどのように行われ、産業が発展し、国民生活の向上につながったかを捉える。	・東京オリンピックが行われた1964年頃の日本の様子から気付いたことを、Jamboard などに考えを共有する。 産業の発展によって人々の生活はどのように変化したの？ 新幹線　高速道路　3C

時	主な学習内容	指導上の留意点
5	・世界各国、日本が抱える問題点や解決のために世界が協力していることを調べる。	・「世界」と「日本」のそれぞれの視点で、現在までの問題点や解決のためにどのようなことができるのか、Jamboard やオクリンクを使って考えを共有する。 世界や日本は今、どのような変化の中にいるのかな？
6	・現在の日本の抱える問題や果たすべき役割について調べる。	・防災をはじめ、少子化、高齢化、人権、領土問題など、現在日本が解決すべき問題を話し合い、Google スライドなどを使って、自分の考えをまとめる。 これからの日本はどのような国を目指したらいいのかな？
7	・この時代を表すキャッチフレーズをつくり、交流する。	・Google スライドやオクリンクなどを使って、戦後の日本の出来事について、キャッチフレーズを付ける。 戦後の出来事についてキャッチフレーズを付けよう。 日本国憲法 ➡ 平和のもとになった日本国憲法 東京オリンピック ➡ 産業の発展につながった東京五輪

国民生活の向上が見える「洗濯機」

この単元で捉えさせたいところは、戦後の日本が、国民の努力によって国民生活を向上させたことである。そこで、取り上げるが三種の神器の一つである「洗濯機」。当時 1 台 28,500 円（大卒初任給が 17,000 円）なのに、多くの洗濯機が売れた。「なぜ、洗濯機がたくさん売れたのか」と考えることで、利用者（女性）の思いや企業の努力などが見えてくる。また、時間に余裕が生まれた女性の立場から、女性の社会進出につながったことにも気付かせたい。

⑬ 日本とつながりの深い国々

異文化を知り、尊重する態度を育てる

自分と異文化の共通点を見いだすことから始まる異文化理解

執筆者：片山元裕

❶ 特徴 ― 共生を意識した外国の学習 ―

（1）教材づくりのポイント

　自分たちと外国の人々の生活の様子が違うことに気付くことが大切です。しかし、違いを明らかにするだけでは、異文化を尊重したり、共生しようとしたりする態度の育成に十分ではないと考えます。「自分たちとは全然違っていて不思議だな」という思考で止まってしまうためです。そこで、自分たちとの共通点を見つけさせたいです。児童は自分と似ていることを見つけることから、他者に関心をもったり、共感的になったりするのではないでしょうか。本単元では、注意しなければならないことがあります。それは、その国についてのステレオタイプを植え付けないことです。日本に住む人の文化や風習が多様であるように、他国でも様々な人がいます。多民族・多宗教なども含め、多様性の観点はぜひ考慮する必要があります。

（2）児童にもたせたい学習の視点

　外国の文化や風習を知り、異文化を尊重する態度を育てることは、これから外国に出ていったり、異文化とともに暮らしたりする令和の児童にとって大切です。そこで、自分との共通点を意識的に見つけられるように課題を設定します。教師が共通点を見つけさせる意図をもたなければ、児童は違いを見つけることで学習を終えてしまいます。また、ステレオタイプを植え付けることを回避するために、1つの国の2人の生活様式を取り上げ、人によって違うという視点も獲得させたいです。

❷ 資料の作り方

　外国の文化や風習を調べるためには、書籍や雑誌、インターネット、インタビューなど多様な方法が考えられます。海外旅行用のガイドブックは、写真が多様で、その国の生活や習慣がわかりやすいです。また、子ども向けにまとめられたサイトも参考にできます。

・外務省「キッズ外務省」

　https://www.mofa.go.jp/mofaj/kids/index.html

　（2022 年 2 月 13 日最終閲覧）（QR コード A）

・株式会社明治「比べてみよう！世界の食と文化」

　https://www.meiji.co.jp/meiji-shokuiku/worldculture/

　（2022 年 2 月 13 日最終閲覧）（QR コード B）

QR コード A　　　QR コード B

❸ ICT 活用のポイント

　Zoom や Google Meet などのビデオ通話アプリケーションを活用することで、日本の教室にいながら世界各国の人々にインタビューすることが可能となります。数か国の人にインタビューすることが望ましいですが、1 か国であっても外国の人と話すことは児童にとって忘れがたい経験となります。また、実際に、家の様子や食事風景を見せてもらうことも貴重な資料となります。インタビュー相手の外国人は、大学の国際課や地方自治体の国際交流協会等に連絡することで、紹介してもらえることがあります。交流後の振り返りには、「インタビューすることで、外国の文化について新しい発見があった」「国籍が同じでも一人一人違っている」などの記述が見られました。

Goole Meet を活用し、お互いの顔を見ながらインタビューを行った。

❹ 単元の展開例〈 9時間扱い〉

時	主な学習内容	指導上の留意点
1	・日本とつながりの深い国を見つけ、話し合う。	・教科書に挙げられている国にこだわることなく、児童の実態に合わせ、様々なつながりの深い国を挙げさせる。 ・既習の内容や生活体験を基に、自由な発想で考えさせる。
2	・学習問題を設定し、学習計画を立てる。	・単元の終末で、それぞれが調べた国の情報をまとめられるよう、調べる項目を複数個設定しておく。学校生活、食生活、気候、宗教などが想定される。
	【学習問題】日本とつながりの深い国の人々は、どのような生活をしていて、その生活にどのような違いや共通点があるのでしょう。	
3	・調べる国を決め、基本的な情報を調べる。	・調べる国を決めさせた時点で、違いや共通点について、予想をさせ、見当をもって調べられるようにする。
4	・調べる項目を基にして、その国について調べる。	・調べる項目を設定しなければ、数カ国の比較が難しくなる。共通した項目を設定することで、後に児童同士が情報共有をしやすくなる。
5	・調べたことを整理する。	・調べた情報を基に、項目ごとに日本との違いや共通点を整理する。 ・調べきれなかったことは、家庭で調べてきたり、休み時間に図書館で調べたりすることで、理解を深めることができる。

時	主な学習内容	指導上の留意点
6	・日本との違いや共通点を話し合う。	・項目ごとに違いや共通点を話し合うことで、複数国間での共通性やそれぞれの独自性に気付くことができる。 ・Google ジャムボードや Google スプレッドシートなどを活用することで、全ての児童の整理した情報を共有でき、有効である。
7	・インドネシア人の2名の留学生にインタビューする。	・多民族国家であるインドネシアの人から話を聞くことで、宗教や服装、食文化の違いが2名の間でも違い、一国の中にも多様性があることに気付かせる。
8	・国際交流について調べる。	・オリンピックやパラリンピック、地域での交流について調べ、国際交流が世界平和や共生社会をつくることに寄与していることついて考えさせる。
9	・学習してきたことを振り返り、自分なりの考えをまとめる。	・自分なりの考えをもつことで、外国の文化や習慣に関心をもったり、考えたりしたりする態度を涵養する。 ・考えを読み合うことで、気付けていなかった視点に気付いたり、自分の考えを再構成したりできるようにする。

児童の興味・関心に合わせて、調べ学習がしやすい単元である。しかし、一国について自由に調べるだけでは、その国について詳しくなるだけで終わってしまう。学習を深めるためには、違いであっても、共通点であっても、児童同士が気付きを交流することが大切だ。一つの気付きを教室の中で積み上げることによって、外国の多様な姿が見えてくる。

⑭ 国際協力

自分なりのまとめで 学習を深める

外部のコンクールを活用し、学習意欲を高める

執筆者：片山元裕

❶ 特徴 ─ 選択・判断を促す学習構成 ─

（1）教材づくりのポイント

　SDGs という世界の共通語を通して、地球規模の問題に対して世界中の人々が解決に向けて取り組もうとする機運が高まっています。環境問題、貧困、ジェンダー等、問題は多岐にわたります。そのような児童にとって身近ではない問題に対して、興味・関心を高め、主体的に問題の原因や背景、解決策について調べ、自分なりの考えをもたせる単元設計が大切です。

　自分なりの考えをもつことが重要であると強調したいです。問題を把握するだけでは、社会をよりよくするために考え、行動しようとする態度の育成が難しいです。答えのない世界規模の問題に対して、現時点での最善の答えは何であるか、自分には何ができるのか、根拠をもって考えさせたいです。

（2）自分なりの課題を設定し、探究する

　単元の終末に、新聞を書いたり、ポスターを制作したりすることが多いのではないでしょうか。しかし、子どもたちが教科書の文章を抜き出したり、学習したことを網羅的に書いたりしているだけの活動になっていることも多いです。そこで、外部機関のコンクールに応募することを目標にして、まとめの学習をしたいです。最初は懸賞目当てで取り組む児童も、調べていくうちに、自分なりの課題を設定し、自力解決していく楽しさに気付くことができ得ます。教師は、よりよい作品とするために積極的に指導するのではなく、子どもを信じ、見守ることも大切になります。

本単元のようにSDGsに関連したまとめの学習をする場合、非常に多くのコンクールに応募することができます。

・SDGs全国子どもポスターコンクール（QRコードA）
・調べる学習コンクール（QRコードB）
・私のSDGsコンテスト（QRコードC）
・SDGs学生作品コンクール（QRコードD）

　上記以外にも、地方ごとに数多くのコンクールが開催されています。

QRコードA　　QRコードB

QRコードC　　QRコードD

❷ 資料の作り方

　一人一人がそれぞれの課題に向かっていくため、教師が全体に提示できる資料は多くないです。むしろ、児童同士の資料の共有を活発にしたいです。Googleスプレッドシートなどを活用し、児童が見つけた資料を全員がアクセスできる環境を整えます。すると、学級オリジナルの資料集ができます。

❸ ICT活用のポイント

　自分の作った作品を写真に撮り、タブレットで共有することで、友達から意見や質問をもらえるように活用します。自治体により違いますが、株式会社ベネッセコーポレーションのミライシードであれば、ムーブノートが利用できます。タブレットでの共有により、多くの人から意見をもらえ、児童同士でまとめの質を高め合うことができます。

❹ 単元の展開例〈8時間扱い〉

時	主な学習内容	指導上の留意点
1	・世界が抱える問題について予想し、学習問題を設定し、学習計画を立てる。	・SDGs の 17 の目標を提示することで、児童が予想しやすくなる。 ・問題に対する対策を、誰がどのような活動を行っているのか、具体的に予想させたい。
	【学習問題】世界で起きている様々な問題は、誰が、どのように解決しようとしているのだろう。	
2	・国際連合や国連憲章について調べる。	・国際連合の発足が、戦争と平和に大きく関わっていることに、歴史を振り返りながら気付かせる。 ・ユニセフやユネスコなどの児童の認知率が高い機関を起点として、様々な分野の発展に貢献している組織であることを気付かせる。
3	・国際連合が世界の問題に対してどのように取り組んでいるのかについて調べる。	・単元の最初に予想した世界規模の問題に対して、国際連合や関係諸機関がどのように関連しているのか、に着目して調べる。 ・写真や動画を使うことで、児童がイメージしやすいように工夫する。
4	・日本の国際協力の取組について調べる。	・ODA や NGO などの児童にとって聞きなじみの用語が多数出てくるため、資料集やインターネットで意味を確認する必要がある。 ・動画や活動に関わる人に直接話を聞いたり、インタビューをしたりすることで、より一層興味・関心をもって取り組むことができる。

時	主な学習内容	指導上の留意点
5	・SDGs の視点から、世界の問題について調べる。	・SDGs が 2015 年の国連サミットにて採択された内容であることを知る。 ・環境問題や貧困、ジェンダー平等など、一人一人の児童の関心のある分野について調べさせる。
6	・自分なりのテーマを設定し、情報を集める。	・テーマを決められない児童には、前時を振り返らせ、興味をもったテーマに取り組ませる。 ・タブレットで調べ、よいサイトがあった場合、学級全員で共有し合えるようにしておく。
7	・集めた情報を基に、自分なりにまとめていく。	・調べてわかったことだけでなく、自分自身が考えたことや今後の自分の行動がどのように変わるかといった視点からも、まとめさせる。
8	・友達の意見を参考にしながら、まとめたことを再構成する。	・友達の意見から考えを練り直したり、質問に対する答えとなる内容を付け加えたりすることで、まとめの質を高める。 ・友達の作品を読むことで、まとめ方や表現方法についても学ばせる。

世界の諸課題に対して、自分なりに原因や背景を解釈し、自分なりの考えを形成していく。ここで注意したいことは、独り善がりな考えにならないことである。そのために、児童には、自分の考えを主張する上で根拠となる資料を準備することを、常に意識させる必要がある。また、教師や友達などの他者を含め、その考えについて、議論することも有効である。児童が懸命につくり上げた考えの質を高められるよう支援をしていきたい。

あとがき

　私は、社会科の大家である有田和正先生がおっしゃっていた「材料七分に腕三分」という授業観と、「鉛筆から煙が出るくらい速く書く」追究の鬼を育てる指導観に感銘を受けて社会科を勉強し始めました。以降、教師が見いだした教材を通して子どもに社会との関わり方を考えさせていくことの面白さに興味をもち、今日まで研鑽を積んでまいりました。

　本書には、オリジナル教材を開発して子どもにぶつけ、社会との関わり方について学び合う授業を続けてきた先生方の実践がたくさん掲載されています。どの執筆者の先生も教科書を徹底的に分析して、社会科らしい学びを子どもに提供するための手立てを考えてきました。教科書を度外視した独りよがりの授業ではなく、学習指導要領で社会科が目指す「グローバル化する国際社会に主体的に生きる平和で民主的な国家及び社会の形成者に必要な公民としての資質・能力の基礎」を養うことを目的とした授業を目指して実践されたものです。

　読者の皆様には単元を始める前にご一読いただき、教材や学習展開、体験活動、宿題、ICT端末の活用方法等のエッセンスを使って、子どもに社会との関わり方を考えさせていく授業を展開していただければ幸いです。

　最後になりましたが、本書執筆の機会をいただいた樋口雅子様、社会認識を深める社会科学習を教えてくださった峯明秀先生からは、多くのご指導とご助言をいただきました。また、本書の姉妹本である「3・4年本」を編集された山方貴順先生を加えた4名で、2022年1月1日からプロットに関する連絡をさせていただきました。共著者の先生方には、たいへんタイトな日程でご執筆いただきました。本書に携わっていただいた皆様に、心より感謝申し上げます。

令和4年9月　　佐々木英明

◎執筆者一覧

峯　明秀	大阪教育大学教授
佐々木英明	札幌市立米里小学校
安野雄一	大阪市立東三国小学校
岩瀬寛弥	栃木市立赤麻小学校
佐藤一幸	弘前大学附属小学校
小暮直也	玉城町立玉城中学校
川向雄大	尼崎市立園和小学校
中里彰吾	札幌市立中央小学校
土岐友哉	札幌市立緑丘小学校
樋渡剛志	北海道教育大学附属札幌小学校
片山元裕	豊島区立富士見台小学校

※ 2022 年 9 月現在

◎本文イラスト協力

杉本一文	（p25「貴族の館と武士の屋敷の想像図」）
香川元太郎	（p102「縄文のむらの想像図」）
青山邦彦	（p102「古墳づくりの想像図」）

◎本文画像提供

石川県立歴史博物館	（p127「加賀藩大名行列図屏風」）
長崎県立歴史文化博物館	（p127「寛文長崎図屏風」）
新宿大通商店街振興組合	（p147「終戦直後の焼け野原となった新宿大通り」）
新宿観光振興協会	（p147「新宿通り」）

［監修者紹介］

峯 明秀（みね・あきひで）

大阪教育大学教授
1963 年香川県生まれ。広島大学大学院教育学研究科修了、博士（教育学）
2014−2018 年 大阪教育大学附属平野小学校校長（兼任）
2022 年 大阪教育大学連合教職実践研究科主任
価値判断・意思決定・社会参加をキーワードに授業改善・評価研究を展開している。
主な著書に『社会科授業に SDGs 挿入ネタ 65』（共編著）学芸みらい社／『子どもと社会をつ
なげる！見方・考え方を鍛える社会科授業デザイン』（共編著）明治図書／『社会科授業改善
の方法論』（単著）風間書房 などがある。

［編著者紹介］

佐々木英明（ささき・ひであき）

主な著書に『社会科授業に SDGs 挿入ネタ 65』（分担執筆）学芸みらい社／『「〜のはずなのに、
なぜ？」を教材化する社会科学習』（分担執筆）東洋館出版社 などがある。

学習者端末　活用事例付
社会科教科書のわかる教え方 5・6年

2022 年 11 月 15 日　初版発行

監修者　峯　明秀
編著者　佐々木英明
発行者　小島直人
発行所　株式会社学芸みらい社
　　　　〒162-0833　東京都新宿区箪笥町31番　箪笥町SKビル3F
　　　　電話番号 03-5227-1266
　　　　https://www.gakugeimirai.jp/
　　　　E-mail : info@gakugeimirai.jp
印刷所・製本所　藤原印刷株式会社
企　画　樋口雅子／協力　阪井一仁
校　正　大場優子
装　丁　小沼孝至
本文組版　橋本　文

ISBN978-4-86757-012-8 C3037